Salomon Weinstein
Leute und ihre Geschicke

Соломон Вайнштейн

Люди
и их доли

Кёльн, 2018

1

В книгу включены рассказы о судьбах различных людей: от исторической личности государственного масштаба - Главного атамана войск Украинской Народной Республики Симона Петлюры до пресловутого «местного» бандитского атамана Шепеля, а также - простых жителей Украины, России и Германии времени Гражданской войны в СССР, Второй мировой войны и современности.

Das Buch enthält Geschichten über die Schicksale verschiedener Menschen: von einer historischen Persönlichkeit auf nationaler Ebene - Hauptataman der Truppen der Ukrainischen Volksrepublik Simon Petliura zu dem berüchtigten "lokalen" Bandit - Ataman Schepel, sowie gewöhnlichen Bürger der Ukraine, Russland und Deutschland während des Bürgerkriegs in der UdSSR, des Zweiten Weltkriegs und die Gegenwart.

Herstellung und Verlag:
BoD - Books on Demand, Norderstedt
ISDN 978-3-7528-7048-0

ОГЛАВЛЕНИЕ

ВСТУПЛЕНИЕ

Заглавия очень многих знаменитых (да и не знаменитых - тоже) литературных произведений включают слово «судьба»: например, от рассказа (повести) «Судьба человека» Михаила Александровича Шолохова (1905 - 1984), опубликованного в 1956-1957 годах, до романа - эпопеи «Жизнь и судьба» Василия Семёновича (Иосифа Соломоновича) Гроссмана (1905 - 1964). Оба этих шедевра литературы — о войне, которая именовалась в СССР «Великой отечественной». Но как разнятся *су́дьбы этих книг*! Рассказ М. Шолохова был опубликован в *предновогоднем* и *новогоднем* номерах (31-го декабря и 1-го января!) газеты «Правда», а роман В. Гроссмана, законченный в 1960-м году, был отвергнут издательствами и изъят в 1961-м году КГБ; в России он издан впервые только в 1988-м году, причём с купюрами (с вырезанными фрагментами). Полная редакция романа «Жизнь и судьба» была опубликована, после возмущения узнавших о купюрах читателей, в 1990-м году.

А сколько литературных сборников носит название «Люди и су́дьбы»! Но я дал своей книге название «Люди и их доли» не столько для оригинальности, сколько для того, чтобы подчеркнуть бо́льшую (в сравнении с «судьбой») смысловую ёмкость понятия, вкладываемого в слово «доля» (в значении - не части чего-то, а именно — полностью исполненной той же «судьбы»).

Но начнём с «судьбы». Что понимается под этим словом? Чаще всего - складывающийся (сложившийся) - **независимо от воли человека (выделено мною — С. В.)** -

4

ход событий, произошедшее стечение обстоятельств. «Всё за меня: и люди и судьба», - утверждал Самозванец у А. С. Пушкина («Борис Годунов»). «От своей судьбы не уйдёшь», - вторит этому поговорка. Отсюда — и выражения: «Перст судьбы», «Оставить на произвол судьбы», «Не судьба», «Ирония судьбы», пр.

Одним из синонимов слова «судьба» является слово «участь» (смысловое ядро сло́ва - «часть»). То есть, по моей трактовке, «судьба» индивидуума может и должна рассматриваться как часть судьбы страны, народа, населения какой-либо территории, любой группы людей, и тому подобного. Человек — единица общества — и его судьба, как правило, является частью общественной судьбы, о каком бы обществе речь не шла. «Участь» — как бы переход к другому синониму - «доля».

Православная религия рассматривает «судьбу», прежде всего, как исполнение земного предназначения, как земную реализацию данных от Бога сил во славу Божию, то есть, как выполнение на земле программы, заложенной в человеке сверху, как исполнение (или неисполнение) своего предназначения. Но, с другой стороны, та же религия расценивает «судьбу» как результат «Промысла божьего» - непрестанного действия в мире всеблагой, всепремудрой и всемогущей воли Божией, всё обращающей ко благу и направляющей к вечному спасению каждого человека в отдельности и человечества в целом. И «судьба», мол, неотвратима (рок).
Понятно — очень многое в объяснении «судьбы» не так гладко, как бы этого хотелось…

Если выразиться по-иному, то судьба — это результирующая того, что нам было дано от Бога (научно выражаясь - с генами), и того, что мы сотворили в своей жизни сами, вне зависимости от нам предначертанного, от жёстко запрограммировано «сверху».

Конечно, у каждого свои пропорции как бы неотвратимого и содеянного (в допустимых параметрах) им самим. Можно родиться слепым, глухим, с другой врождённой инвалидностью или с каким-либо генетическим заболеванием — и это, что́ говорить, разительно повлияет на жизнь. Можно получить тяжкие повреждения в результате природных или технологических катастроф. И - тому подобное. ***Но даже в состоянии казалось бы предрешённости возможно избежать фатальности.*** Примеров сего в истории — множество, самый свежий — судьба и жизнь физика-теоретика, космолога Стивена Хокинга (1942-2018). Его жизненный подвиг - *наперекор фатальности судьбы* - вероятно, не имеет аналогов в истории человечества!
Считать судьбу простой совокупностью всего происходящего, всего того, что не может не произойти — значит жить пассивно, грубо говоря — существовать.

И понимаешь, что́ вложил Василий Гроссман в название своего романа «Жизнь и судьба». **Судьбу изменить нельзя, жизнь — можно!**
И надо всегда помнить, что благосклонность судьбы — событие весьма редкое. Как иронизировал по этому поводу великий философ - автор афоризмов Станислав Ежи Лец (1909 -1966): «Судьба переменчива: плохие дни чередуются с очень плохими.»

Когда я решил озаглавить книгу «Люди и их доли» (на немецком - «Leute und ihre Geschicke»), я имел в виду не ту долю, о которой писал М. Ю Лермонтов: «Плохая им досталась доля: немногие вернулись с поля...» («Бородино») или с печалью поведал наш земляк Н. А. Некрасов: «И долго, долго дедушка о горькой доле пахаря с тоскою говорил.» («Кому на Руси жить хорошо»). Нет, я подразумевал под «долей» то, как прожил свою жизнь человек в обстоятельствах, на которые он не мог - решающим образом или абсолютно никак - повлиять. Но - **несмотря на это!** - жизнь свою, насколько это было возможным, построил так, как считал верным для себя и своего окружения. Ограничивалось ли таковое семьёй или включало всю страну, континент, вселенную — не имеет значения. Речь идёт, в конце концов, *не о роли личности в истории, а личности - в её собственной судьбе или жизни*: понимайте последние два понятия как хотите — как одно и то же, как взаимозависимые или как одно, исключающее другое…

*И эта **жизнь** - от ничтожно малой до значимой - **доля** того, что обозначают судьбой страны, народа, поколения, пр.*

Можно взвалить на себя невообразимые заботы и тяготы ради идеи использовать создавшиеся обстоятельства для построения независимого государства, можно воспользоваться вре́менным хаосом для реализации своих далеко не возвышенных стремлений, можно уступить под чредой преходящих неудач и растратить на совсем *никчемное* свои, отмеренные судьбой таланты.

7

Речь — о Симоне Петлюре, Шепеле, героине «Лошадиной фамилии».

О ней, чтобы объясниться до конца — ещё несколько слов. Я довольно резко отповедал ей, потому что так надо было для достижения эффекта. Я даже специально (требование избранного мною жанра повествования) «перегнул палку», обвиняя её в бедности словарного запаса и тому подобном. А ведь я (у)знал её и другую.

Сначала — как автора отзыва на мою статью «Анархитектура Винницы 2010-го года». Почитайте-ка сами, если не верите, в «Прозе.ру» этот восторженный отзыв (http://www.proza.ru/comments.html?2010/07/30/1546): «Здравствуйте, Нил Крас, читаю ваши воспоминания о Виннице и размышления опять-таки о Виннице и ее жизни и... балдею. Спасибо за неравнодушие и любовь к нашему родному городу! Он и его жители достойны того, чтобы о них знал Мир. С уважением, Елена Остапенко-Меленевская, винничанка (родилась в том же роддоме, что и вы, только в 1965 году, детство прошло на ул. Коммунистической 18 над Бугом-рекою, училась в 17 школе...).»

А потом ещё раз — в этой, полной доверия к моему «замечательному материалу» и к моим возможностям, рекомендации занять редакторские должности сразу в трёх версиях ВикипедиИ (упустила, правда, она немецкую версию): «Вы можете тоже войти в редакторский отдел и внести собственные правки в статью Википедии, как ее украинскую, так и русскую, и английскую версии, в частности, всех тех лиц, о которых вы упомянули в вашем

замечательном материале.»
(http://www.proza.ru/rec_writer.html?ostapenko).

Но недаром упоминаемый выше В. Гроссман задавался вопросом: «Вечно ли, неизменно ли добро, или вчерашнее добро сегодня становится пороком, а вчерашнее зло сегодня есть добро?». А там же упомянутый Ежи Станислав Лец пояснял, в чём заключается сложность различения добра и зла: «*Границы добра и зла подвижны, но всегда проходят через нас.*» **Через нас!**

Короче говоря, игнорирование моего знания немецкого, освоенного в середине шестого десятилетия жизни (!), я ей тут же простил, зла на неё не держал, а редакторской работой в ВикипедияХ принебрёг не *назло ей*, а просто потому, что уже навалившуюся на меня славу вынужден был подпитывать свежими «замечательными материалами», дабы новым моим почитательницам было отчего обалдевать!..

То, что она написала через пять с половиной лет, можете прочитать там же, в Прозе.ру, в моей статье «Лошадиная фамилия» или в этой вот книге. Я специально не напомнил ей тогда об отклике 2012-го года, о котором она забыла. Чтобы не нарушать тональность статьи. Но оставил в своей памяти обязательство, при случае, написать о ней и другое.

Перед отповедями на, мягко говоря, неуважительную критику я всегда знакомлюсь с возможно бо́льшим материалом о будущем герое (героине) моей «антикритики». И я - при том ознакомлении - обнаружил талантливую от рождения, высоко образованную, отлично владеющую словом как на русском, так и на украинском языках зрелую журналистку и, могу вас заверить, писательницу. На её странице — прекрасные миниатюры, рассказы, публицистика самой разнообразной тематики, место которым — в книгах, раскупаемых словно жареные семечки. Чтобы не искать её личную страницу где-то ещё, можете обратиться к той же Прозе.ру, где вы сейчас читаете меня. И ознакомьтесь с тем небольшим, что опубликовано моим оппонентом (http://www.proza.ru/avtor/ostapenko).

Но это — работы предыдущих лет. А потом, как я себе это представляю, последовал ряд «ударов судьбы» (от распада СССР до чего-то сугубо личного) — и выскочило то, о чём я уже писал. Кто виноват в этом? Судьба, участь, доля, рок или отсутствие противопоставления им? Не буду далее в этом разбираться: просто привёл для примера. (И для сброса с души греха , который я обещал себе взять только на время.)

∗∗∗

В этой книге только первые две публикации можно как-то связать одну с другой. И важнейшей, забравшей у меня немало душевных сил является самая объёмная статья - о Симоне Петлюре. Кто читал — поймёт без пояснений, кто ещё не прочитал — рекомендую. Узнаете, как это плыть в густо замутнённой воде, да ещё против течения и сквозь водовороты…

Но и другие работы появились на свет не просто так, а явились следствием размышлений о прошлом и будущем личности, сообщества личностей и ими сотворённого.

ПАМЯТНИК — памятка

Памятка - нравоучительный случай,
предостерегающий в будущем ...
(из «Толкового словаря» Д. Н. Ушакова)

ВСТУПЛЕНИЕ
ФАКТЫ БИОГРАФИИ СИМОНА ПЕТЛЮРЫ

ВСТУПЛЕНИЕ

Третий раз пишу о памятнике.
Первые два раза — семь лет тому назад — о п о к а ещё виртуальных «Памятнике покинувшим Винницу навсегда» и «Памятнике языку идиш в Виннице». А теперь вот о реальном, который можно увидеть «живьём».

Эта статья выглядит, на первый взгляд, выпадающей из ряда моих публикаций.
Ибо в ней я вроде бы одновременно поддакиваю обоим противникам - и «белым», и «красным». Если и вы так поначалу подумаете — постараюсь вас переубедить.
А если не подумаете, то и того лучше.
Эта статья — только к а ж у щ е е с я свидетельство моей

12

непоследовательности.

Публикацию сию не следует толковать как намерение подвести черту под первыми впечатлениями от случившегося. И, тем более, не следует рассматривать её в качестве решения третейского судьи. Я — хотя и безбожник, всё же хорошо помню это предостережение: "Не домогайся сделаться судьею, чтобы не оказаться тебе бессильным сокрушить неправду, чтобы не убояться когда-либо лица сильного и не положить тени на правоту твою." (Книга Премудрости Иисуса, Сына Сирахова, 7:6)

[Для вас непривычно, что я прибегнул к библейской цитате. Но к Книгам священного писания я буду обращаться тут ещё не раз. Повод — религиозность - истинная ли, показная ли - всех лиц, задействованных в создании и установке Памятника, а также тех, кто виновен во всплеске почти вселенского эха недовольства этим событием. По понятным соображениям, будут приводиться цитаты как из Ветхого, так и из Нового завета.
Итак — с Б-гом (с богом)!]

***

Прежде всего, хочу напомнить, что о Симоне Петлюре (ещё когда знал о нём во много раз меньше, чем сейчас!) упоминал я в своих статьях уже трижды.

Первый раз — в связи с последним переименованием винницких улиц:
«Ну и чтобы вы посчитали меня окончательно спятившим, сообщу вам кое-что об одной личности, о которой очень часто упоминают, но когда речь идёт о наименовании улиц, имя это внезапно исчезает из памяти историков и краеведов. Я говорю о

Борухе Моисеевиче Львовиче, о котором знают, в основном, по принадлежавшем ему и сохранившемуся до сих пор красивому особняку, меньше - по крышкам водопроводных и канализационных люков, разбросанных уже целое столетие по всему центру города, по металлическим конструкциям в сохранившихся с его времени сооружениях и, редко, по его благотворительной деятельности. Улица Боруха Львовича вместо улицы Чкалова — не слабо'? Что, Симон Петлюра был бы против: моя, мол, улица? Тогда — вместо Краснокрестовской, а? Как-то ведь неудобно: синагога расположена на ...крестовской. Убрали «Маген Давид» со стены и окрестили? Тогда — сам не знаю: спросите у Леонида Голяка (см. ниже)!» (сентябрь, 2016 — http://www.proza.ru/2015/09/16/738).

Второй раз — в связи с репликами винницких антисемитов: «Никому и в голову не пришло назвать улицу именем пионера индустриализации Винницы, известного мецената Боруха Львовича - его тут без особых споров подменил Симон Петлюра, квартировавший короткое время в бывшем доме Львовича. И вот теперь к Ерусалимке ведёт улица Петлюры, причастность которого к уничтожению около 50 000 евреев - гражданского населения доказана, а выполнение его приказов, запрещающих такое варварство (С. Петлюра был весьма гибкий политик), им не контролировалось. И погромы шли своей чередой далее.» (сентябрь, 2016 - http://www.proza.ru/2016/09/13/413).

И в третий раз — в связи с тем же неуважением к памяти Боруха Львовича:
«О пионере индустриализации Винницы Борухе Львовиче ничего ни хорошего, ни плохого пресса не пишет. Ну, был. Ну, построил хороший особняк, который отметил своим пребыванием в нём сам Симон Петлюра. Который и вещающим оттуда, и нам,

14

слушающим это радио, и теперь пригождается. Принадлежавший же Львовичу знаменитый машиностроительный завод с красивым зданием заводоуправления давным-давно сначала достроили (конечно, испоганив замысел архитектора строения), а потом и ликвидировали. Никаких памятных знаков о жизни и деятельности Боруха Львовича в городе нет. Ничто не названо его именем. Даже на водопроводных шахтах крышек с его именем уже не встретишь: любители старины растащили. Самой маленькой таблички на ограде особняка, в котором располагалась и школа для бедных детей, днём с огнём не сыскать… Не сомневаюсь, что пройдёт совсем немного лет — и «дом Львовича» как-то «сам переименуется» в Дом Петлюры.» (октябрь, 2016 - http://www.proza.ru/2016/10/23/2157). [Последнее, впрочем, уже произошло ещё более полугода до того: статья в «Винница. Info» от 9-го марта 2016 г. называлась «У Вінниці з будинку Петлюри транслюють радіо. Фотофакт». Но я эту дважды мною раскритикованную газету читаю, к своему стыду, не часто — и об этой новости даже в октябре ещё не ведал.]

Так вот, нигде не называл я Симона Петлюру антисемитом, никогда — организатором погромов, непосредственным убийцей евреев. Отметил только его причастность к тому, что теперь называют «малым Холокостом» 1919-го года. Причастность — в смысле касательства, приобщённости. Не более того. Почему?

Да потому, что как глава нового государства, за становление и сохранение которого он боролся, С. Петлюра был ответственен за всё, что творили его подчинённые (е м у , на самом деле, подчинённые? — это ещё вопрос). Да потому, что молодые, часто только перешедшие двадцатилетний возрастной рубеж, не обученные атаманы возглавляли не столько регулярные войска, сколько банды мятежников или людей беспорядочной жизни. Таковых после Октябрьского переворота немало было и среди воевавших на стороне большевистских Советов, но безжалостный Л. Троцкий железной рукой сумел почти всех их подвести под свой лад.

С. Петлюре, скорее всего, недоставало этой неумолимой жестокости, чтобы отбить охоту у атаманов и атаманчиков поступать так, как им заблагорассудится, чтобы - мы тут говорим о погромах - п р е д у п р е д и т ь их неизменно на всё время. Да и силы (преданных ему войск) тоже явно не доставало, о чём ещё не раз будет сказано ниже.

***

Цель этой статьи — не оправдание Симона Петлюры, нет. Я вижу свою задачу в другом: понять и постараться объяснить другим моё видение в с е г о произошедшего в истории с памятником. Начиная ещё от постепенного превращения «заурядного бухгалтера и журналиста» (украинская ВікіпедіЯ — статья о Петлюре) в видного социал-демократа, государственного деятеля, организатора украинских вооружённых сил. Включая сюда также гибель 25-го мая 1926-го года главы Директории и Главного атамана Украинской Народной Республики - УНР (в изгнании, с ноября 1920 года), издателя парижского еженедельника «Тризуб». И — до посмертной славы и хулы.

Я употребил неспроста именно эти два слова в качестве оценки роли Симона Петлюры в украинской истории. «Уже снесеся хула на хвалу» - это из во многом загадочного памятника литературы Древней Руси «Слово о полку Игореве». До сих пор слависты не едины в переводе с древнерусского языка, в толковании этого выражения. «Хула» - резкое осуждение, порочащие слова'.

16

«Слава» - объяснения не требует.

А вот «снесеся»? Тут, как говорится, мнения учёных разошлись. Посему до сих существуют два отличающихся по смыслу перевода: «уже перевесила (заменила, покрыла, одолела, пр.) хула славу» и «уже опустилась хула на славу». То есть, в принципе, эти переводы-толкования обозначают сходное: поражение Игорева войска свело на нет прежние победы над половцами, заслонило собой бывшую славу.

Но поразмыслим: «свести на нет» («перевесить», «одолеть», и тому подобное) всё-таки — одно, а «опуститься» (прикрыть) — другое. Первое — законченный (совершенный) в прошедшем процесс, второе - состояние, не завершенное в прошедшем или настоящем. Так я это понимаю, проводя параллель между Игорем Святославичем в XII-м и Симоном Васильевичем в XX-м веках. На этом месте отложим в сторону суждения о новгород-северском князе и сосредоточимся на Главном атамане.

***

Ломать себе голову над приближением к «истинному» Симону Петлюре я решил не в одиночку, а во всеуслышание — в публицистической статье.

Одновременно пришлось поразмышлять как о сегодняшних (недавних) руководителях в столице и на местах, так и о гражданском обществе страны', ныне занимающей зе'мли, за которые боролся С. Петлюра. Страны', где родились мои прародители, родители, да и я сам. Где выучился, получил высшее образование и в которой - скованной коммунистическими «идеалами» - под конец, в 70-е - 80 -е годы - чувствовал себя не очень-то комфортно. И, хотя и по-другому, но также «не завжди зручно» — как раз незадолго перед открытием памятника, о котором пишу (http://www.proza.ru/2017/09/10/1136).

Волей-неволей появился соблазн применить что-то подобное аналогическому методу исторических исследований. Вспомните, Симону Петлюре пришлось в схватках устранять из руководства Украиной тех видных партийных, политических деятелей (Владимир Винниченко, Павел Скоропадский, пр.), с которыми он прежде сотрудничал.

В период Директории на украинской земле одновременно сражались петлюровская, большевистская, махновская армии, Белая армия, войска Антанты и Польши. Создавались и распадались временные блоки между различными армиями (исключая принципиально невозможный альянс между большевиками и белыми-деникинцами), причём солдаты перебегали из лагеря в лагерь. Киев - исконная столица Украины - переходил из рук в руки пять раз. И далеко не все украинские земли были под контролем УНР.

С. Петлюре пришлось просить материальную и военную помощь, политическое заступничество у различных стран, позитивное отношение которых к Украинской Народной Республике было ненадёжным, переменчивым, а заключённые с ними союзы — временными и непрочными.

Так и сейчас: как пришло к власти нынешнее руководство Украины? кто персонально — эта власть? вся ли Украина — под этой властью? сколько на территории Украины армий? кому ранее давали клятву многие военнослужащие армий, ныне не подчинённых Киеву? Сколько союзов разного рода и с кем заключала Украина хотя бы только за последние три года? И так далее…

Но времена УНР и нынешнее - частично оккупированной, кое-где частично (само?)обособившейся независимой Украины - сравнивать всё же нельзя, проводить аналогии между ними допустимо лишь с большими натяжками. Поэтому я оставил соблазн истолковывать бывшее и актуальное ссылками одного на другое, хотя, повторяю, сходных ситуаций — немало.

***

С самого начала я решил, что мне необходимо дать ответы на ряд стержневых вопросов:
- почему Петлюра, при всех его неудачах, стал и остался (уже' на столетие!) в памяти большинства украинского населения символом независимого украинского государства?
- почему именно Петлюре, в отличие от большинства руководителей УНР первого и второго существования, приклеили ярлык ярого антисемита и убийцы десятков тысяч еврейского населения, проживавшего в то время на территории, подвластной (кое-где - только формально) Директории?
- почему пока не удалась идея создания и установки памятника Симоне Петлюре где-либо в другом месте Украины?
- почему первый памятник Симону Петлюре возник и установлен именно в Виннице?
- каково могло бы быть более правильное решение, не вызвавшее бы уже появившихся и неминуемых в будущем проблем с памятником Петлюре, установленном именно на Иерусалимке, у бывшего особняка крупнейшего винницкого предпринимателя и мецената доУНР-овских лет еврея Боруха Львовича?

Конечно, спокойней было бы не ввязываться в эту историю:
"И глупец, когда молчит, может показаться мудрым, и затворяющий уста свои – благоразумным." (Книга Притчей

Соломоновых, 17:28)
И не я это сказал:
"У меня совет и правда; я разум, у меня сила." (Книга Притчей
Соломоновых, 8:14)
Но всё же ...

ФАКТЫ БИОГРАФИИ СИМОНА ПЕТЛЮРЫ

С. В. Петлюра возглавлял Директорию (правительство
Украинской Народной Республики - УНР) с мая 1919-го по
ноябрь 1920-го года и оставался Председателем Директории (в
изгнании) до своей гибели в мае 1926-го года. А Главным
атаманом (командующим) войск УНР С. Петлюра стал ещё в
ноябре 1918-го года (после ухода немецких войск).

Конкретней, Симон Петлюра главенствовал (со времени
подписания Украиной Брестского мира, вернее, сепаратного
мирного договора делегации Украинской Центральной рады с так
называемыми Центральными державами — Германией, Австро-
Венгрией, Османской империей и Болгарским царством) только
во второй период существования Украинской Народной
Республики, теряя постепенно одну территорию за другой.
Фактически в Украине существовали в то время две власти —
Директории и большевистских Советов. К октябрю 1920-го года
все военные петлюровские соединения были разгромлены —
УНР фактически прекратила своё существование.
На протяжении этих далеко не полных двух лет УНР не имела
чётких государственных границ, была признана (несмотря на
многочисленные дипломатические контакты) только дюжиной с
небольшим государств.

И ещё, что касается С. Петлюры. Хотя с мая 1919-го по октябрь -

ноябрь 1920-го года в его руках была сосредоточена вся полнота власти, даже и в этот период далеко не все его распоряжения выполнялись немедленно и беспрекословно. Мощная оппозиция С. Петлюре (по меньшей мере, инакомыслие) в руководстве УНР была всегда. Виноваты в этом не С. Петлюра и не те, что думали и решали по-иному, чем он. Время было столь неопределённое, друзья и недруги УНР - настолько непредсказуемыми, что казалось бы верное и единогласно принятое сегодняшнее решение, назавтра представлялось уже ошибочным, временами — роковым. Повторение подобных промахов сплочённости руководства УНР вокруг С. Петлюры способствовать, разумеется, не могло.

Поделённая С. Петлюрой на три группировки армия действовала не всегда в согласии. Да и налаженное взаимодействие было почти невозможно из-за боёв со столь разными врагами УНР (называемой иногда Надднепрянской Украиной). Особая неразбериха происходила на Западе Украины (в Надднестровской Украине), в Западно-Украинской Народной Республике (ЗУНР) с её автономией и непокорным президентом Евгением Петрушевичем. Украинская Галицкая армия (командующий - Мирон Тарнавский), перешедшая в распоряжение генерала Деникина по договору, кстати, ратифицированному в ноябре 1919-го года в Виннице и получившему впоследствии название «Ноябрьской катастрофы» украинского государства, оказалась не лучшим союзником С. Петлюры. Тогда же был фактически денонсирован «Акт Злуки» (от 22-го января 1919-го года). Официальное одностороннее расторжение этого Договора произошло в декабре 1920-го года в Вене, где по этому поводу - по приказу Е. Петрушевича - было созвано заседание правительства ЗУНР.

Описанное выше - ещё далеко не всё: и какой руководитель, будь он семи пядей во лбу, смог бы при таких обстоятельствах принимать только безошибочные решения?

Я сразу же призна'юсь в том, что представленные выше факты вызовут у некоторых читателей сомнение или даже несогласие. Но литература (включая указания дат где по старому, а где - по новому стилю) и о С. Петлюре, и об УНР — государстве, так до конца, по многим параметрам, и не оформившимся, столь неоднозначна. Мне приходилось искать выходы из этого лабиринта — и, несомненно, я не раз сбивался с верного пути.

ВИННИЦА — ВРЕМЕННАЯ СТОЛИЦА УНР

Называя столицы Украины в те годы, не следует забывать, что таковых было несколько: самые главные — большевистская в Харькове и УНР-овская в Киеве (одновременно!). Относительно короткого периода нахождения столицы УНР в Виннице: этот факт настолько незначителен, что о нём н и с л о в о м не упоминается ни в украинской, ни в русской ВикипедияХ (в статьях о С. Петлюре). То, что в Виннице некоторые местные историки непрерывно и с великой гордостью повторяют: «Винница — временная столица УНР», можно объяснить только обострённой преданностью городу и преднамеренно сильно завышенной оценкой этого факта. Но ни о каких особо важных, как говорят, «поворотных» (в историческом смысле) эпизодах в столице этих немногих недель вроде бы никем не было сообщено.

Никакой документ, приказ, договор, пр., выпущенный, изданный, подписанный и т. д. в это время, не получил в названии его и с т о р и ч е с к о е признание - дополнение «винницкий». Или я этого не заметил?

«Ноябрьской катастрофой» 1919-го года (см. выше) гордиться —

нет оснований.

Фактическим денонсированием «Акта Злуки» — тем более.

Напомню, что Винница в сложное для Украинской революции время (ноябрь 1918-го - май 1920-го годов) трижды становилась местом пребывания правительственных структур Украинской Народной Республики. Основные подразделения власти располагались в гостинице «Савой» (NB – nota bene - заметь хорошо!). 2-го февраля 1919-го года Директория переехала из Киева в Винницу, сделав Винницу аж на ц е л ы й м е с я ц столицей Украины. С. Петлюра, если не ошибаюсь, проживал всё это время в железнодорожном вагоне личного поезда.

Визит в Винницу главы Польского государства Юзефа Пилсудского, его очередная встреча с С. Петлюрой состоялась в мае 1920-го года.

Кстати, Ю. Пилсудскому отвели особняк врача Новинского, а встречи польской и украинских делегаций проходили в здании бывшей Городской Думы. В результате переговоров Вторая Речь Посполита получила территориальные уступки от УНР, что было позднее зафиксировано в Варшавском договоре от 21.04.1919: Польше предоставлялись права на присоединение к ней Восточной Галиции и Западной Волыни, а также части Полесья.

Я упоминаю эти детали только потому, что хочу подчеркнуть: особняк Боруха Львовича, который сейчас пытаются представить как бы центром событий, относящихся к правительству УНР и его главе С. Петлюре, таковым не был. Да, да — н е б ы л! И стереть, как бы походя, имя Б. Львовича из винницкой истории всей этой своевольной, упрямой катавасией с памятником С. Петлюре у особняка пионера индустриализации города, мецената — занятие, на мой взгляд, не заслуживающее уважения, малопристойное, безнравственное.

И тут знатоки истории найдут какие-то частности, которые можно оспаривать. Но то, что я высказал выше об особняке Б. Львовича, опровергнуть вряд ли кому-нибудь удастся.
Кто очень хочет (а кто' хочет — всем ясно) отметить музеем «Винница - временная столица УНР» этот отрезок истории украинского государства, тот нашим мнением может полностью пренебречь, тем более, что у нас — при всём при том — нет ни малейших возражений, ни единого аргумента против организации указанного музея. Ещё больше: я голосую обеими руками за создание такого музея, потому что настоящая история УНР, вся неимоверная сложность того времени известны только весьма ограниченному числу жителей Украины. Виновата в этом советская «историография», сфабрикованная «прогнувшимися» историками в Москве и в Киеве.

И начинать надо, как это ни хлопотно, с правильного выбора помещения для музея. С баталий за получение его в своё распоряжение. Потом — с тщательно выверенной и объёмной (по выбору точек зрения) экспозиции. И с поиска места для скульптуры С. Петлюры. А не с того, что было замётано в узком кругу: этой скульптурой застолбить, словно золотоносный участок, место планируемого музея. Полагаю, что давнему инициатору случившегося радоваться вместе с поэтом :
«Миг вожделенный настал: окончен мой труд многолетний...» (А. С. Пушкин) —   п р е ж д е в р е м е н н о.

Резюме: использовать особняк Б. Львовича под этот музей — это признак недостатка того, что именуют историческим чутьём. Здесь хватило бы просто памятной доски о нахождении министерства, походной канцелярии Главного атамана. (Тут я несколько забежал вперёд; к этому щепетильному вопросу мы ещё вернёмся.)

ПОЯВЛЕНИЕ ПАМЯТНИКА С. ПЕТЛЮРЕ

Памятник Симону Петлюре открыли 14 октября 2017-го года. Наверное, не было ни единого средства информации в Украине, не сообщившего об этом событии. Через день отметила появление первой в стране скульптуры Главного атамана - большой статьёй с фотографией памятника - интернетовская, наиболее тиражируемая газета Центра Украины : «Петлюра через 100 лет возвратился в Винницу» (http://33kanal.com/vinnichchina/petljura). А ещё через один день эта же газета дала аргументированную отповедь винничанину, который "розігнав істерію у соцмережах", резко выступив против этого памятника: «Скандал про памятник Петлюры в Виннице дошёл до еврейского кнессета» (http://33kanal.com/vinnichchina/skandal).

Не думаю, что инициаторы и исполнители этого мероприятия рассчитывали на такой всеукраинский и, особенно, международный резонанс, который заколебал не только израильскую общественность, но и породил недоброжелательные отклики в других странах.

Однако, как писал поэт, именем которого названа в Виннице улица, выстоявшая многие переименования в течение бурного века (не то, что во Львове!), «Пора покинуть скучный брег мне неприязненной стихии.» (А. С. Пушкин). Но к этому резонансу придётся ещё возвратиться. И не через 100 лет, как С. Петлюра - в Винницу. Намного раньше.

О САМО'М ПАМЯТНИКЕ

Теперь — о памятнике как скульптуре. Вот что пишется о нём в http://cyclowiki.org/wiki/ (23.10.2017) - Памятник Симону Петлюре (Винница):

«Памятник Симону Петлюре в Виннице — это первый в мире памятник, а не бюст, атаману УНР. Его создание профинансировал известный винницкий бизнесмен Сергей Капуста.
По замыслу скульптора [скульпторы Владимир, Роман и Андрей Оврах — Н. К.] Петлюра сидит на скамейке в полный рост [стоять, выпрямившись в полный рост, не сгибаясь — это я понимаю, но как с и д е т ь «в полный рост»? - Н. К.], а в руках [совсем не «в руках» - Н. К.] у него карта Украины. На ней выделены две отметки — Винница, как временная столица УНР, и Киев — столица Украинской Народной Республики, которая находится под контролем советской власти. Формат памятника создан по известной фотографии, сделанной в 1919 году в Каменце-Подольском.»

Задержимся на этом месте. И обратим внимание на фотографии, снятые в Каменце-Подольском (см. коллаж). Ни на той фотографии, где С. Петлюра изображён один (1), ни на той, что я выделил из группового фото июля 1919-го года (на нём — руководители Директории и армии УНР - 2), атаман не сидит, расставив и вытянув ноги. Это — не малозначащая деталь. Поза человека отражает его психологическое состояние. И поза - одна нога, закинутая на другую - говорит о том, что человек пытается собраться и укрепиться в своей позиции или же выражает надёжность и уверенность в себе. Голова С. Петлюры поднята, лицо умное, чуб немного «взбит».

И на фотографиях состава 1-го Генерального секретариата (май 1918 -го года - 3) , а также — Правительства УНР (1920 - 4), С. Петлюра сидит, закинув ногу на ногу.

На фотографии с 14-летней дочерью (Париж, 1925) С. Петлюра опять же сидит, закинув ногу за ногу (http://nightbomber-y2.livejournal.com/117964.html) . То есть, эту позу можно считать типичной для сидящего Главного атамана.

Поза же на скульптуре, на мой взгляд, отображает печального, с опущенной - в прямом и переносном смысле - головой (причём со взглядом п о в е р х карты, лежащей - по отношению к нему, а не к созерцающим скульптуру - в перевёрнутом положении!), с «обмякшим» чубом, с опустошённой душой Главного атамана, а плохо развёрнутая (не в руках, а на коленях) карта — потерянную исконную и оставляемую в ближайшее время временную столицу УНР (5, 6). Понятно, положение С. Петлюры во время пребывания в Виннице было незавидное, но ведь в Каменце-Подольском оно было не лучшим: Главный атаман со своим войском был оттеснён к самым западным рубежам Украины.

Нельзя не обратить внимание на две (или три? - я ведь имею возможность судить о памятнике только по его фотографиям) глубокие горизонтальные морщины на лбу Главного атамана. На всех фотографиях живого С. Петлюры его высокий чистый лоб лишён видимых складок кожи. И это — не результат фотошопинга. Так вот, для чего такое подчёркивание горизонтальных складок на лбу: для демонстрации больших организаторских способностей, напористости, пр. (см. заключения физиогномики)? Или - для акцентирования внешних проявлений тяжёлых дум Главного атамана?

Ещё некоторые «мелочи». В полевых условиях приходится часто изучать карту, лежащую на коленях. Но в мирных условиях — карту расстилают на поверхности рабочего стола. В положении тела, в котором представлен С. Петлюра, таким образом можно рассматривать фотографии оставшихся где-то в ином месте близких людей. Или что-то подобное. Но — не карту Украины с многочисленными пометками, связанными с военными действиями. Словом, изобразительное искусство, к которому относится и ваяние (в данном случае, монументальная скульптура), должно быть или реальным, или идеализированным. В случае его реальности — фантазии мало уместны. А идеализацией тут и не пахнет.

Совсем несоответствующей мне представляется брусчатка, на которой расположена скамейка и покоятся ступни атамана. Брусчатка никак не могла быть под скамейкой для отдыха. Сравните с зеленью на фотографии. А современная плитка у постамента — полный нонсенс. Вот сюда бы брусчатку или ещё лучше — грубо обработанный камень-булыжник.

«Подходящий» фон - разукрашенное под цвета' украинского стяга «историческое здание» - абсурд. Не ко двору. Цитирую далее статью из Цикловики:
«Памятник находится во дворе исторического здания (ныне здесь располагается областное радио) по адресу улица Симона Петлюры, 15, где в феврале-марте 1919 года, когда Виннница была временной столицей УНР, располагалось Министерство почт и телеграфов, а позже, в мае-июне 1920 года находились военно-походная канцелярия главного Атамана».

И с т о р и ч е с к о м у зданию необходимо возвратить и с т о р и ч е с к и й колер, ибо ни при Борухе Львовиче, ни при Симоне

Петлюре здание не имело неуместной тут жёлто-голубой окраски. Почему-то в Украине считается шиком раскрашивать всё (начиная от заборов вокруг чего-угодно) в жёлто-голубой цвет. Мне это представляется весьма поверхностной демонстрацией преданности Независимой Украине, безвкусицей, граничащей с кичем.

И последняя цитата из той же статьи в Цикловики (http://cyclowiki.org/wiki/): «Планируется, что в дальнейшем памятник станет частью исторического комплекса— Музея временной столицы Украины.» К этому мы ещё раз возвратимся ниже.

УБИЙЦА ПЕТЛЮРЫ И СУД НАД НИМ

Этому суду я отведу много места по двум причинам. Первая — мало кто достаточно знает об убийце, о подробностях судебного процесса. Вторая — суд над Шварцбардом фактически превратился в посмертное судилище над … С. Петлюрой. Именно после этого судебного процесса на С. Петлюру окончательно нанесли клеймо оголтелого антисемита и убийцы евреев. Не просто нанесли — выжгли. И этот вытравленный на С. Петлюре знак до сих пор не желают (или не удалось) удалить (что, признаем, не очень-то и просто — см. далее). Посему на такого, на клеймённого С. Петлюру можно было почти столетие сваливать многое, не затрудняя себя мучительным процессом поисков причин случившегося, не пытаясь обнаружить и обнародовать то, что обусловило трагические события 1919 - 1920-го годов.
«Правды в судилище, свету в нощи, в мире добра не ищи.» (наш земляк Н. А. Некрасов).

Как я уже рекомендовал в одной из моих статей, спорную информацию желательно изучать (и сопоставлять) по источникам из разных стран, на разных языках. В данном случае, прежде всего, по относительно нейтральной в деле Шварцбарда и, как правило, скрупулёзно проверенной немецкой «ВикипедиИ», а также — по этому же французскому изданию, учитывая место развёртывания событий 1926-1927-го года.

Вот что указывает немецкий источник (https://de.wikipedia.org/wiki/Scholom_Schwartzbard):
Шолом (Самуил, по-французски) Шварцбард (Шварцбурд), еврей, родившийся в 1886 г. в Измаиле и умерший в 1938 г. в Кейптауне — часовой мастер, поэт и публицист (на идиш), анархист — убил Симона Петлюру в Париже 25 мая 1926-го года. До этого Ш. Шварцбард проживал (в детстве) в Балте, потом нелегально перебрался в Румынию, Австро-Венгрию. В 1909 г. принимал участие в анархической «экспроприации» (вооружённом ограблении банка в Вене). Был осуждён к принудительным работам, но через четыре месяца сбежал в Будапешт, где участвовал в ограблении ресторана. Был выдворен из страны.
В 1910 г. устроился в Париже на часовой фабрике, оставался верен своим анархическим убеждениям. В 1913-1917 г. г., в период 1-й мировой войны служил во французском Иностранном легионе наёмным солдатом в пехоте. Был ранен, награждён Военным крестом.
В августе 1917 г. демобилизовался и вместе с женой отправился на Родину, в Россию, бурлящую после Февральской революции. В 1918-1920 г. г., во время Гражданской войны Шварцбард служил в Красной армии, в кавалерийской бригаде под командованием Григория Котовского. В погромах того времени погибли его 15 родственников.

В 1920 г. Ш. Шварцбард возвратился в Париж, открыл часовую мастерскую. Он примкнул к парижской группе анархистов, эмигрировавших из Украины, среди которых был, например, Нестор Махно. Можно сказать, Шварцбард и Махно подружились.

[Я посчитал, что о последнем следует упомянуть особо, так как, во-первых, Н. Махно заключал с С. Петлюрой соглашение о взаимном нейтралитете, и, во-вторых, его, совершавшего фантастические пируэты в выборе союзников и в поисках врагов, также обвиняли в еврейских погромах. Но ему и его соратникам удалось доказать, что никаких погромов на махновской Украине не было. Кстати, первой женой Н. Махно была еврейка Соня.

[Здесь (не совсем к месту, но лучшего повода я не нашёл) надо привести удивившее меня утверждение «журналистки и дочки писателя Михаила Рябого» (так представляет её 33-й канал: http://33kanal.com/vinnichchina/skandal-pro) Людмилы Мрачковской: «… Петлюра подтвердил еврейским представителям (тут не имеет значения, где и когда — Н. К.), что он "всю силу своего авторитета использует для того, чтобы устранить эксцессы против евреев, которые препятствуют государственному труду." Тем более, что его жена также была еврейкой и похоронена в Париже рядом со своим знаменитом супругом ...» (на известном кладбище Монпарнас — С. В.).

Почему же, поразился я, более нигде о «жене-еврейке» не сообщалось? Ольга Афанасьевна (Ольга Опанасівна — укр.) Петлюра, в девичестве Бильская (1885-1959) , на мой взгляд, если и могла быть еврейкой (?), то только - согласно родословной, по далёким родственникам материнской линии. Родилась она в одном из сёл Полтавской губернии, была дочерью

учителя, окончила (еврейка!?) Московский Императорский университет. С 1909 г. - жена Симона Петлюры (http://nightbomber-y2.livejournal.com/117964.html). (Несколько иные данные об учёбе, времени замужества, пр. тут: http://fakty.ua/240817-petlyura и в украинской ВікіпедіЇ.)
Вот Розалия Яковлевна Винниченко (Лифшиц) (укр. Розалія Яківна Винниченко; 1886 - 1959), по образованию - врач — жена 1-го Председателя Директории Украинской Народной Республики Владимира Винниченко, украинская патриотка — тут сомнений быть не может: https://ru.m.wikipedia.org/wiki/Винниченко,_Розалия_Яковлевна.

Как бы там ни было, я считаю выше приведенный («Тем более ...) «логический довод» весьма зыбким. Твёрдо убеждён, на основании жизненного опыта (в том числе, и на истории моей семьи), что любят жену или мужа, а нс нацию, к которой она-он принадлежат, хотя и то, и другое в м е с т е не исключается. Я бы, вообще, об этом не упоминал ни в случае с Махно, ни - с Петлюрой, но пренебрегать так называемым «общим (бытующим) мнением», особенно при рассуждениях по спорным вопросам, как-то не принято.]

[Отвлечёмся на минутку ещё разок.
«Шварцбард» в переводе с идиша или немецкого - «Чёрная борода». Интересно, что Шварцбарда со знаменитым английским пиратом Здвардом Тичем по прозвищу «Чёрная борода» (1680 - 1718) роднит не только фамилия, но и один из периодов его авантюрной жизни. Э. Тич был так называемым приватиром (капером) в «Войне королевы Анны» (1702-1713) - второй из серии войн между Францией и Англией (позднее Великобританией) на территории Северной Америки за контроль над континентом. То есть, Э. Тич участвовал в морских

сражениях на стороне Англии по с о б с т в е н н о м у желанию и усмотрению, одновременно обогащаясь. А Шолом Шварцбард, как указывалось выше, служил наёмным солдатом во французском Иностранном легионе.
К чему я - это? Для характеристики личности Шварцбарда, которая хорошо подходила, чтобы быть нанятой для убийства — см. далее.]

Ниже я уже не пересказываю, а цитирую текст ВикипедиИ на немецком языке.
«По взгляду украинского историка Михаила Палия, в августе 1925-го года в Париж прибыл агент ГПУ (Государственного политического управления при НКВД РСФСР — С. В.) Михаил Володин и встретился со Шварцбардом, после чего последний начал наблюдение за Петлюрой, его преследование.
[„После убийства Петлюры" - дополнено мною - С. В.] Швацбард был арестован и предстал перед судом. Процесс над ним начался 18 октября 1927 года. Защищал Шварцбарда известный французский адвокат Henry Torres (1891-1966).» [О последнем есть интересные факты не только тут: https://de.wikipedia.org/wiki/Henry_Torres (также - и на русском языке), но и в некрологе: https://www.jta.org/1966/01/06/archive/henry - С. В.]

А теперь — об этом же, на основании статьи в ВикипедиИ на французском языке (https://fr.wikipedia.org/wiki/Samuel_Schwartzbard). Цитирую: «Во время судебного разбирательства немецкие спецслужбы проинформировали своих французских коллег о том, что Шолом Шварцбард якобы убил Петлюру по приказу эмиссара Союза граждан Украины Галипа (de Galip), который сам получил приказ от экс - премьер-министра Украинской ССР Христиана

Раковского. [Христиан Георгиевич Раковский (1873-1941) — бывший Председатель СНК УССР, с октября 1925 по октябрь 1927 - полпред СССР во Франции — С. В.]

Наконец, этот акт [содеянное Шварцбардом — С. В.], как сообщается, поддерживался Михаилом Володиным, агентом ГПУ, который прибыл во Францию 8 августа 1925 года. По словам бывшего директора ЦРУ Аллена Даллеса, Шолом Шварцбард был агентом на службе у Советов.»

Я, возможно, совсем неожиданно для вас перешёл к ГПУ вот из-за чего. Поводом для этого послужил один из моментов в дискуссии об убийце С. Петлюры (https://www.facebook.com/zorii.fain/). Привожу его в несколько «причёсанном» виде:

- Сергей Фазульянов - винницкий генеалог (17 октября 2017) замечает: «… всё вроде бы так, но не так. Петлюра, как и Коновалец или Бандера, были убиты не без участия советских агентов. И об этом говорилось, например, в показаниях беглого КГБшника. Бедного еврея просто использовали.»

- Алексей Цвелик — физик и журналист из США (18 октября 2017): «у Вас есть документальные подтверждения того , что Шварцбарда использовали советские агенты?»

Далее ничего не последовало: либо у Сергея Фазульянова не нашлось под рукой необходимых материалов, либо он не захотел углублять (обострять) дискуссию со знакомым ему заочно, как мне это известно, человеком.

Но моей задачей было хотя бы частично разобраться в этом нашумевшем деле: убийство — суд — … оправдательный приговор. Поэтому я продолжил эту дискуссию как бы для себя, используя не раз выручавший меня метод. Я сейчас о нём расскажу, но, чтобы не забыть, сообщу вам, что Торрэс - адвокат Шварцбарда, о котором я уже писал выше, был о д н о в р е м е н н о адвокатом советского консула во Франции. Во время процесса Торрэс проживал в советском консульстве. [Перечитайте ещё раз два последних предложения. И не забывайте: Шварцбард не был гражданином СССР, а являлся французским подданным! Если это - не косвенные документальные подтверждения, то - что же?! - С. В.]

***

Не будет преувеличением предполагать, что ни один судебный процесс не проходит без преднамеренно ложных утверждений как истцов, обвинителей, так и ответчиков, обвиняемых, а также защиты и свидетелей (с обеих сторон).

Но ложь во время судебного процесса можно разделить как бы на два вида. Одна ложь — типа «видел, слышал», которую почти всегда пытаются опровергнуть иным «виденным» или «слышанным» условно нейтральных (вызванных судом) или «своих» свидетелей. Другая ложь — вроде бы документальные факты (фотографии, кинокадры, звукозаписи, официальные бумаги, банковские счета, личная переписка, пр.), которые не выдержали (бы) проверки их подлинности. Однако проверка эта нередко очень затруднительна или же вовсе невозможна.

Когда читаешь сообщения о судебных процессах, то совершенно ясно, что репортёры, будучи направленными в суды для рассказа оттуда, выпячивают на первый план свидетельства, поддерживающие версию откомандировавшей их в суд стороны. И даже самые что ни есть «независимые» репортёры ещё д о с у д а склоняются к виновности или невиновности обвиняемого, так что они тоже в определённой степени зависимы. Зависимы от уже сложившегося у них ещё до суда мнения (в результате слухов, сообщений средств массовой информации, общественной ситуации, пр.), которое, опять же, не может быть абсолютно нейтральным. Таков уж есть человек с его весьма сложной психикой.

Это предварение я написал для того, чтобы подчеркнуть, что для меня особое значение имеют приводимые факты, которые п р о т и в о р е ч а т концепции самого' об этих фактах пишущего, факты, которые ему «не выгодны». То есть, он - автор сообщения из зала суда - не мог о них умолчать, так как эти факты неопровержимы. И если не он, то другие всё равно поведают о них. И тогда автор раскроется как ангажированный одной их сторон (обвинением или защитой), что существенно снизит интерес к его публикациям и их убедительность.

Между убийством С. Петлюры и началом суда прошло около года с половиной — и всё это время в прессе разных стран вина и судьба Шварцбарда обсуждалась в неразрывной связи с личностью и действиями (либо отсутствием таковых) Главного атамана. Как обычно, к подписям под разными коллективными обращениями были привлечены всемирно известные или европейского масштаба деятели науки и культуры. С одной стороны, повышенную активность в этом направлении проявляли еврейские организации, с другой — украинцы в изгнании, прочие эмигранты (включая российских), успевшие ускользнуть от большевистских расправ над ними.

Не надо разъяснять позиции тех и других. Всё ясно и без этого. Но изменение таковой у идеолога сионизма Владимира (Зеэва) Жаботинского, проживавшего в то время в Париже, требует не только упоминания, но и хотя бы попытки объяснения. Дело в том, что мнение В. Жаботинского по тому или иному вопросу считалось весомым не только среди еврейских, но и - прочих интеллектуалов. Цитируют В. Жаботинского до сих пор, что лишний раз подтверждает глубину, оригинальность и прозорливость его мыслей. Не преминул и я ссылкой на В. Жаботинского, рассуждая об украинском языке (http://www.proza.ru/2017/02/17/755). И вот теперь — снова, но уже по другому поводу.

Летом 1926-го года в нью-йоркской газете «Морген - журнал» В. Жаботинский опубликовал статью, в которой было сказано, что хотя он Петлюру никогда не видел, убеждённым погромщиком его, однако, не считает. Одновременно публицист обнародовал ни у кого не заимствованную мысль: "в погромах вижу результат не столько «антисемитизма людей», сколько результат объективного «антисемитизма событий»". Об этом В. Жаботинский напоминает в письме в редакцию русскоязычной парижской газеты «Последние новости» от 11 октября 1927 года (ровно за неделю до начала процесса над Шварцбардом).

Там же он сообщал, что осенью 1921-го года "подписал с М. А. Славинским, пражским представителем тогда уже зарубежного правительства Петлюры, договор об учреждении при армии Петлюры (остатки её были в то время интернированы в Галиции) особой еврейской жандармерии специально для предупреждения погромов. (Договор не был осуществлён, так как вскоре после того армия Петлюры была ликвидирована)."
Всё это, однако, не снимает вину с Петлюры, как представлено было сие в части украинской печати от его имени, подчёркивает В. Жаботинский.

«Петлюра был главой украинского правительства и украинской армии в течение двух лет и больше; почти всё это время продолжались погромы; глава правительства и армии их не подавил, виновных не покарал и сам в отставку не подал. Значит, он принял на себя ответственность за каждую каплю пролитой еврейской крови. Это так ясно, что тут не помогут никакие отговорки. Таково не только мое представление о долге и ответственности главы правительства и армии, но и представление каждого грамотного человека.

В каждом элементарном учебнике социологии сказано, что воровство, бандитизм и пр. объясняются не столько злой волей отдельных людей, сколько давлением социальных условий. Но отсюда никто еще не делал вывода, что индивидуальный вор или бандит «невиновен». Виновен и подлежит каре. Также были виновны и погромщики, резавшие евреев во время управления Петлюры, и подлежали строгой каре. Петлюра их не карал, хотя был главой правительства и армии и хотя это продолжалось больше двух лет. Тут философия истории ни при чем: такой глава правительства, такой глава армии виновен в неслыханном и непростительном преступлении по должности пред еврейским народом, пред народом украинским и пред всем человечеством. Чем бы ни был Петлюра в душе, ответственность за погромы падает на него; отклонять ее значит не понимать, что такое глава правительства и армии.

И если есть в украинском движении люди или группы, которые думают, будто погромы есть простительная мелочь, будто можно допустить систематическую резню евреев и оставаться героями и чистыми — то таким людям и группам я не друг, а враг; и предупреждаю украинское общество, что такие люди или группы и ему не друзья, а враги." (цитировано по http://ivasi.news/odessa/ideolog).

Можно предположить, что на В. Жаботинского оказала впечатление поддержка Шварцбарда (в ожидании процесса над ним) виднейшими представителями европейской интеллигенции — евреями и не - евреями: философом Анри Бергсоном, художником Марком Шагалом, писателями Роменом Ролланом, Анри Барбюсом, Максимом Горьким, физиками Альбертом Эйнштейном и Полем Ланжевеном, политиком Александром Керенским, и другими. Оно-то понятно. Но как было не понять В. Жаботинскому и остальным с ним: при возникновении так называемой «широкой поддержки» никто из таких защитников не имеет полного (часто - никакого) представления о сути происходившего, о важнейших обстоятельствах, о движущих мотивах погромщиков, об организаторах погромов или весьма часто даже отсутствии инициаторов и координаторов (выражаясь современным языком, супервайзеров) при совершенно стихийно возникающих и развивающихся грабежах, насилии и убийствах?

Необходимы были только искра и горючее вещество. Не вдаваясь в детали: того и другого в те буйные годы было предостаточно. Почитайте художественную литературу, правдиво повествующую о том времени, и вам станет ясно, насколько точным было не замутнённое указанной выше волной поддержки Шварцбарда оригинальное определение В. Жаботинского 1926-го года об о б ъ е к т и в н о м «антисемитизме событий».

Погромы — это ужасно. Бесчеловечно. Им нет оправданий. Но это не значит, что надо карать тех, кого без суда и следствия «определили» их организаторами, и что не надо строжайше наказывать тех, кто устраивает самосуд над, по их мнению, персонально виновными. Здесь прямая дорога от обличения («Я Солженицына не читал, но он …») до судов Линча. Интересно, что обе публикации В. Жаботинского были предметом рассмотрения на суде, причём, прокурор и гражданские истцы оперировали статьёй в нью-йоркской газете, а защитник Шварцбарда Торрэс — в парижской.

***

Всё. Теперь — к существу и деталям процесса над Шварцбардом.

В 1928 г., то есть, через несколько месяцев после завершившегося в конце октября 1927 г. суда по делу об убийстве С. Петлюры, увидела свет небольшая книга "Процесс Шварцбарда в парижском суде / сост. И. Будовниц. — Ленинград: Из-во «Красная газета», 1928. — 80 с. " (https://issuu.com/alekseyyankovskiy/docs/1928). Тираж книги для того времени немалый — 30 000 экземпляров.

Об этом издании мало кто знает, поэтому проходимцы, пытающиеся всё представить так, как им это выгодно, осмеливаются нагло врать: «Не буду рассказывать, как мне это удалось, но я раздобыл с т е н о г р а м м у [выделено мною — Н. К.] процесса. Этот документ настолько любопытен, настолько точно передаёт дух того времени, настолько беспристрастен и правдив, что имеет смысл хотя бы частично привести его в подлинном виде.» (http://russiahousenews.info/images/PDFs). А цитирует этот лгун-хвастун материалы из указанной выше книги! «Беспристрастной» и «правдивой», как он заявляет. И тут же начинает «цитирование» «с т е н о г р а м м ы п р о ц е с с а» с такого абзаца:
«Возле Дворца юстиции, в котором слушается дело Шварцбарда, толпится огромная очередь желающих попасть в зал суда. Многие стали в очередь ещё с 5 часов утра. Внутри помещения устроен тройной полицейский контроль ... » А это, замечу, на

самом деле - предложения или части их, вырванные из текста книги. Прямо отвращение берёт от таких раздобытчиков «стенограммы процесса», от их бесцеремонно перекошенных публикаций. Подумал бы, бессовестный, как могут в истинную *стенограмму* процесса попасть подобные художества!

Не только по месту и времени появления книги, но и по вокабулярию и формулировкам упомянутая книга - типичное советское пропагандистское чтиво. Небольшой пример того, как в предисловии настраивают читателя на сообщённое в книге о процессе: «Петлюровщина была агентурой иностранной интервенции на Украине, а система зверских погромов — была её неписаной конституцией. Ибо еврейские погромы были методом управления, при помощи которого кулацкая контрреволюция на Украине сколачивала свои силы.» Написано бездарно, словно машиной, наугад выбирающей из обоймы заготовок слова-клише.

И, тем не менее, в книжице можно обнаружить немало поучительного. Я приведу здесь только отдельные выборки, которые почему-то нигде не цитируются. И попытаюсь прокомментировать некоторые моменты самого процесса над Шварцбардом.

Процесс длился всего восемь дней, хотя только одних свидетелей было более 130: 35 из них вызвал непосредственно суд, 30 — предложены обвинителями Шварцбарда и около 70 — его защитой (среди последних числился Максим Горький). Но большинство свидетелей опрошено не было. Вот как объясняется это в означенной выше книге (стр. 50).
На 7-й день суда защитник Шварцбарда заявил: «… считаю своё дело уже выигранным и поэтому отказываюсь от показаний

других свидетелей защиты.

Кампэнши после этого заявления также вынужден отказаться от показания остальных своих свидетелей».

Шварцбард привлекался по статьям 296 (предумышленное убийство) и 302 (согласно этой статье, такое убийство карается смертной казнью).

На восьмой день заседания, после споров между председательствующим на суде Флори, с одной стороны, и прокурором и гражданскими истцами, с другой, было достигнуто соглашение в том, что присяжным заседателям должен быть предложен первый (из пяти) вопросов в следующей формулировке: «Виновен ли Шварцбард в нанесении ударов или ран Симону Петлюре?» (стр. 52 книги).

Каковы были остальные четыре вопроса — в книге не указано.

В своём последнем выступлении защитник Шварцбарда Торрэс патетически заявил: «Мы знаем, что осудить Шварцбарда хотя бы на один день тюрьмы — это значит оправдать все погромы, все грабежи, всю кровь, пролитую погромщиками на Украине. Шварцбард несёт на своём челе печать великих страданий. Сегодня здесь, в городе великой французской революции, судят не Шварцбарда, а погромы. Речь идёт о престиже Франции и миллионах человеческих жизней. Если вы хотите помешать каким-нибудь погромам в будущем, то Шварцбард должен быть оправдан ...» (стр. 55).

«Совещание присяжных заседателей длилось 20 минут. ..
Старшина присяжных заседателей объявляет:
- По велению души и совести присяжные заседатели ответили на первый вопрос: «Нет!».
Это означает, что Шварцбард оправдан, и остальные четыре

вопроса, таким образом, отпадают.» (стр. 56).

***

Теперь — некоторые высказывания свидетелей.
Несомненно, почти всех их стороны процесса «готовили к показаниям». Не говоря уже о том, что этим «положено» заниматься адвокатам — и они от этого не отказываются, со свидетелями «работают» все прочие, заинтересованные в том или ином решении суда. Изолировать заранее всех свидетелей (а некоторые из них становятся таковыми только в ходе судебного процесса, когда выявляются ранее не известные обстоятельства), как это делается в ряде стран в отношении присяжных заседателей, просто невозможно. Все свидетели клянутся говорить только правду, но вы понимаете не хуже меня, что это - за редчайшим исключением - пустые обещания. Немного утаить, чуточку присочинить ради «своего человека» или обещанного вознаграждения…

И вот нам, как и суду, приходится анализировать такие «подправленные» показания свидетелей. Причём нам - ещё сложнее: в нашем распоряжении только изложение этих показаний советским составителем книги о процессе Шварцбарда. Насколько оно отличается от стенограммы — знать нам не дано. Но хоть что-то надо разбирать, доискиваясь правды. (О других источниках — ниже).

На суде свидетель обвинения, украинский социал-демократ и офицер главного штаба Петлюры Доценко отрицал, что Петлюра устраивал погромы: «Петлюра делал всё для евреев, посылал им на помощь войска, спасал евреев от большевиков, устраивающих погромы, и приказывал расстреливать погромщиков-агитаторов

43

без суда, на месте. По словам Доценко, целый полк под названием «Гуляй душа» был уничтожен Петлюрой за погромы.»

«Прокурор: Свидетель видел Семесенко и Петлюру после погрома в Проскурове? Что сказал тогда Петлюра? [речь идёт о массовом погроме, произошедшем 25-го февраля 1919 г. - С. В.]
Доценко: Петлюра спросил у начальника станции, как зовут офицера, который орудовал там.
При имени Семесенко Петлюра побледнел и воскликнул: «Что вы наделали? Украина дорого заплатит за этот погром.»
Торрэс: А в итоге петлюровского офицера Семесенко расстреляли только через год.
Доценко: Но ведь его всё-таки расстреляли в сентябре 1920 г.
Председательствующий: А почему не раньше?
Доценко отвечает, что Семесенко командовал собственными отрядами, не подчинёнными Петлюре, что в Проскурове находились только отряды Семесенко, а Петлюра по приезде туда был бессилен арестовать его. (стр. 33) …
[«Семесенко считался одним из самых храбрых и отчаянных борцов с большевиками. Полученные им в боях 13 ран создали ему популярность среди его подчиненных.» (цит по А. Марголину, о книге которого ещё не раз пойдёт речь — С. В.)]
Доценко: Семесенко самочинно организовывал отряды и дал им без разрешения Петлюры название «Первой запорожской бригады». Петлюра позднее расстрелял Семесенко и учреждал комиссии для расследования погромов. Армия Петлюры была в хороших отношениях с евреями. Они давали хлеб нашим солдатам.
Шварцбард: не за это ли их убивали?
Доценко: Это большевики устраивали погромы. Я уверен, что после того, как Украина снова станет независимой, еврейское население воздвигнет Петлюре памятник.» (стр. 34).

На этом месте я прошу вас не забывать: 90 лет тому назад в с о в е т с к о й печати сообщалось, что погром был учинён неподчинёнными Петлюре войсками и - что немаловажно - никакого опровержения этого утверждения не предоставляется. Что касается заявления бывшего офицера главного штаба Петлюры о том, что в независимой Украине «еврейское население воздвигнет Петлюре памятник», то тут можно только подивиться парадоксальности истории, если положиться на честь офицера, на искренность его предсказания. Но нам наличие или отсутствие чести и искренности у Доценко не ведомо, а в изданной «по горячим следам» судебного процесса советской книге это предсказание никак не комментируется. Есть над чем задуматься. Кольми паче, нам хорошо известны как нынешнее «население», воздвигнувшее Петлюре памятник, так и реакция на это некоторых представителей «еврейского населения» независимой Украины.

Свидетель обвинения Косенко - издатель выходящего в Париже украинского журнала «Тризуб» - сообщил о создании большевиками в Париже специальной террористической организации, которая выслеживала Петлюру. «Обвинение украинцев в устройстве погромов нелепо. Виновата анархия, царившая тогда на Украине. Петлюра всегда был противником погромов. Во время погрома в Проскурове Петлюра с правительством был в Виннице. Телеграфное сообщение между Винницей и Проскуровом было прервано.» (стр. 36)
[«La Trident» (Tryzoub) — еженедельник — во время суда над Шварцбардом выходил под названием «Чрезвычайное ежедневное издание», всего — 10 номеров. - С. В.]

Как указывал на судебном допросе генерал Шаповал [А. А.

Шаповал, 1888 - 1972, командующий Правобережным фронтом армии УНР, с 1921 г. в эмиграции - Прага, с 1930 г. - Чикаго — Н. К.], С. Петлюра был другом еврейского народа, в его правительстве были министры-евреи, а в армии — евреи-офицеры. Защитник (гражданский истец) Камэнши добавил, что С. Петлюра ассигновал деньги на помощь жертвам погромов и первый начал печатать на деньгах еврейский текст.

Когда читаешь такие характеристики С. Петлюры в советском издании (без последующих опровержений!), понимаешь, что сваливание всех погромных преступлений на Главного атамана беспочвенно. Справедливы упрёки в том, что он не сделал того или другого для защиты евреев (а мог ли? — тоже вопрос законный), но считать его главным преступником (а не формально ответственным), по-моему, нет никаких оснований.

В Проскурове свершилось 25.02.1919 ужасное преступление, о чём уже упоминалось выше. И то, что поведала суду свидетельница студентка-медичка Хая Гринберг, наверное, — во многом правда. Но зачем было в книге выделять подсказанное ей «репетиторами» утверждение: «Одно слово Петлюры могло бы приостановить погром.» (стр. 43)? На основании чего девушка, далёкая от Главного атамана, могла сделать такое заключение? Вот так и вроде бы правдивое становится подозрительным: не замешено ли оно на лжи? Впрочем, я не совсем уверен в том, что она точно так сказала, и не исключаю «свободное» изложение происходившего в суде составителем указанной выше книги.

***

Защита Шварцбарда основывалась на утверждении того, что он пожелал отомстить за смерть жертв погромов. После восьмидневных заседаний суда, на основании допущения о совершении «преступления в состоянии аффекта», жюри отпустило Шварцбарда на свободу.

[По-немецки написано „Verbrechen aus Leidenschaft" («Преступление по страсти»), что является переводом с французского «Crime passionnel». В немецком языке используются также термины «Affekthandlung (oder Kurzschlusshandlung)» - действие в состоянии аффекта (или действие по типу «короткого замыкания»). Всё это — обозначения одного и того же са'мого, а «аффект» — от латинского affectus - душевное волнение, страсть — относительно кратковременное, сильно и бурно протекающее эмоциональное переживание. Я «разжёвываю» термины и скрывающиеся под ними понятия, так как длительная подготовка убийства, выслеживание жертвы, казалось бы, исключают «относительно кратковременное … и т. д.», но если обратиться к юриспруденции, то всё оказывается намного сложнее. Интересующихся этим вопросом отсылаю к соответствующим статьям в интернете, в частности, к следующим :
https://cribs.me/ugolovnoe-pravo/ubiistvo-sovershennoe и
http://www.rusmedserv.com/psychsex/affekt.htm .
Что касается французского законодательства, то Crime passionnel применяется в судебной практике, прежде всего, при преступлениях на почве ревности и карается мягко (не строго, снисходительно) — С. В.]

РЕАКЦИЯ НА НА ПОЯВЛЕНИЕ ПАМЯТНИКА С. ПЕТЛЮРЕ

Выше я уже отмечал два сообщения интернетовской газеты «33-й канал»: первое — информация об открытии памятника, второе —

отповедь возмущению по этому поводу одного из членов Еврейской общины города Винницы. Разберём их подробнее.

Первое сообщение полно сдержанной гордости: первый памятник такому человеку — и не где-нибудь: не в столице страны, не на родине Главного атамана, а — у нас! В изложении выступлений при открытии памятника отмечается огромный вклад С. Петлюры и - с осторожностью - то, что он многого не достиг не только из-за отсутствия специальной подготовки как военный специалист, но и из-за объективных условий того сложного времени. Правда, объяснимые отсутствием опыта ошибки С. Петлюры прямо не указываются. Подобные нюансы читаются между строк, как и заявление о том, что отношение к имени Петлюры врагов Украины является «наилучшим подтверждением» того, что в УНР был «создан образ твёрдого борца - петлюровца, который знает, к чему (он) стремится».

Нельзя признать подобную аргументацию (высказанную в ответ на уже имевшиеся тревожные сигналы, скажем так, далеко не всеобщей радости по случаю предстоящей установки памятника и в преддверии ожидаемой волны неодобрения после торжественного открытия памятника) убедительной, но то, что напечатано в газете — это лишь изложение сути выступлений в журналистской аранжировке. Так что не будем придираться. Оставим также без особых комментарий кивок в сторону «нашего северного соседа», проведение аналогии между временем очернения С. Петлюры советским НКВД с нынешней «гибридной войной», пр. Скажем кратко: в выступлениях городского и областного начальства явно ощущалась тревога за последствия этой открытой демонстрации своей поддержки деяний и свершений С. Петлюры.

Памятник С. Петлюре в Виннице оказался, руководство это понимало, своеобразным пробным камнем («И взял Иаков камень и поставил его памятником.» Бытие, 31:45). Как когда-то Н. С. Лесков (1831-1895) - блестящий сатирик писал в рассказе «Однодумец» (1879): «Прежний городничий... служил для всех первым пробным камнем: он первый изведывал: лют или благостен прибывший губернатор.», так и памятник С. Петлюре: все ли будут благостны к нему или некоторые начнут лютовать? Хотя с Киевом всё было, не сомневайтесь, заранее согласовано. Но согласовано-то было теоретически, а ещё Маркс утверждал, что критерием истины есть практика. Что она показала — обсудим далее.

Но до этого объясню, почему я не ограничился цитатой из Библии, а прибегнул и к поддержке автора «Левши», «Леди Макбет Мценского уезда», прочих литературных шедевров. Потому что среди таковых перу Н. С. Лескова принадлежит и большое публицистическое сочинение «Еврей в России: несколько замечаний по еврейскому вопросу» (впервые издано отдельной брошюрой в 1884 г. для представления в «Высшую комиссию для пересмотра действующих о евреях в империи законов»). Его бы тоже желательно было «привязать» к теме этой статьи (почему — вам уже ясно?), но я ещё половины не изложил, а вы уже читать устали. Так что о Н. С. Лескове — в другой раз.

Теперь же — о разразившемся скандальчике (о благоглупости, по вбросившему в русский язык это слово М. Е. Салтыкову - Щедрину), который вызвал, вопреки планам его заварившего, такой поток грубых обвинений в адрес самого' «обвинителя», что жаждавший славы немедленно ретировался и … замолк. Как будто ничего и не случалось. Но острота проблемы от этого не уменьшилась, потому что не истерика, а только всестороннее обсуждение и достигнутый консенсус могут привести к долговременному разрешению всех неясностей и шероховатостей, связанных с организацией «Музея временной столицы УНР» в Виннице.

Так что же произошло? Началось всё, после открытия памятника, с публикации как бы от имени Еврейской общины Винницы неуклюже составленного стихотворения (датированного 13.10.2017 - до открытия памятника!) и прозаического винегретоподобного гарнира к нему, в которых Петлюра обзывается «продажной шкурой», где причитается: «У меня… ». «У моих детей…» «украли Винницу», пр. нелепица (https://img.opentown.org/news/163554/).

17-го октября в 9:01 в своём блоге на fb «Фотограф на свадьбу» (www.wedlife.ru/user/fine), уже оправдываясь, демонстрирует высший пилотаж логического мышления: «Я вважаю недоречним сьогодні встановлювати пам'ятник сумнівним персонажам історії, таким, як петлюра. Тим більше, що ще живі нащадки постраждалих в ті буремні часи, і цей пам'ятник є плювком їм у душу.» (Я считаю неуместным сегодня устанавливать памятник сомнительным персонажам истории, таким, как Петлюра. Тем более, что еще живы потомки пострадавших в те бурные времена, и этот памятник является плевком им в душу.)

Вдумайтесь, «… тем более, что ЕЩЁ ЖИВЫ ПОТОМКИ… Не, например, свидетели, а п о т о м к и ещё живы. То есть, потомков не становится всё больше и больше, а они, наоборот, почему-то постепенно, медленно (что ни говорите, вот уже сто лет прошло, а ещё живут) вымирают. Вот когда все они перестанут жить — тогда и устанавливайте памятник! До такого надо ещё додуматься, но на 4-й день глубокого погружения в размышления, как оказалось, и сие возможно.

В течение этого дня - 17-го октября - что-то произошло (что' именно — можно предположить с высокой вероятностью истины, учитывая ближайшие события после этого) — и в 18:22 обличитель трубит отбой - сигнал к отступлению, отсылая за комментариями всех вымышленных им коллег-журналистов «из разных стран» к Председателю еврейской общины, к главному Раввину Винницы и области, к историку и редактору еврейской газеты…

После того, как обворованный (у которого «украли Винницу») в страхе завернул оглобли, он сообщил, что договорился обсудить создавшуюся ситуацию с руководителем «Центра історії Вінниці»: «Ми домовилися з Олександром Федоришеним, керівником Центра історії Вінниці, що найближчим часом сядемо за круглий стіл…, обговоримо і напрацюємо спільне рішення для подальшого мирного співіснування нашіх громад. Адже українці і євреї спокон-віку дружньо жили на цій землі, одне одному допомагали, і у всі часи були ті, хто намагався ці стосунки зіпсувати… » (https://www.facebook.com/zoriy.fine · 19 октября в 18:40).

О результатах этих переговоров до сих пор ничего не сообщалось. Сомневаюсь в их конструктивном исходе не только из-за полнейшей гетерополярности намерений, но и из-за известного упрямства и отказе в признании своих ошибок предполагаемых «руководителей делегаций» обеих сторон … А что касается разнородности целей, то большего несовпадения не придумать. Кто-то, на мой взгляд, пытается возглавить общину, кто-то уже давно задумал создать в Виннице Музей временной столицы УНР, расположив таковой в доме п о к а е щ ё известном под названием «Дом Львовича».

***

Асоціація єврейських організацій та спільнот України (ВААД) опублікувала текст офіційної відповіді Вінницької міської ради щодо можливого перенесення пам'ятника Симону Петлюри з Єрусалимки в інший район Вінниці (Vежа, 21 Листопада 2017 - https://vezha.vn.ua/vsi-pytan).
В официальном ответе, в частности, говорится: «... Садиба 1913р., на подвір'ї якої розташовується пам'ятник, дійсно належала відомому вінницькому підприємцю та меценату Боруху Львовичу. Однак, будинок не є частиною, ані тим паче, центром Єрусалимки – району компактного проживання єврейської громади Вінниці впродовж XVII-XX століть, який територіально розміщений нижче, вздовж річки Південний Буг. Ба більше, у списку домовласників Єрусалимки, що міститься в довіднику 1911р. «Вся Винница», прізвище Б. Львовича не фігурує. Відсуті також і переконливі докази того, що у вищезазначеній садибі мітилась «домашня синагога», хоча факт меценатства релігійних, культурних та освітніх ініціатив сім'єю Львовичів є беззаперечним.
У 1916 р. Борух Львович помер, садиба так і не набула нового господаря на момент початку революційних подій 1917р....»

Разберём хотя бы только этот отрывок, свидетельствующий о попытке городских властей постфактум (!) объясниться с недовольными установкой скульптуры вообще и, тем более, в этом месте. (Я пишу - «городских властей», хотя «вычислить» составителя этого ответа совсем не трудно.) Сначала горсовет попрал демократические нормы, требующие современного извещения о намечаемом спорном - совету-то было ясно, что это выйдет так (примеров в Украине было достаточно) - мероприятии, а теперь пытается выкрутиться, откровенно лукавя.

Дело в том, что район Нижней Иерусалимки переходил через ныне Магистратскую (ранее - Первомайскую) улицу, в Верхнюю Иерусалимку, захватывая территорию, ограничиваемую нынешними улицами Петлюры (ранее - Чкалова), то есть до стены Костёла, и Краснокрестовской (ранее - Братского переулка). Далее Иерусалимка распространялась вниз, захватывая и рынок, переходя ниже Муров через ныне улицу Соборности в так называемую Новую Иерусалимку. Это было ясно не только во время 1-й, но и после 2-й мировой войны, когда относительное число евреев в городе упало наполовину и более.

Эта часть Старой Иерусалимки отличается, по сравнению с первым ареалом, более упорядоченным расположением домов и большим - среди них - присутствием каменных строений. Можно посмотреть в архивах, кто жил в указанном месте — и всё станет ясно.

Ещё казус. Сначала горсовет подтверждает, что «усадьба 1913 г. … действительно принадлежала известному винницкому предпринимателю и меценату Боруху Львовичу». Но как без ложки дёгтя в своё оправдание? И вместо того, чтобы искать п е р в и ч н ы е документы, удосужились глянуть только в Справочник «Вся Винница» 1911 года и искать там владельца строения, завершенного в … 1913-м году. Поистине горсовет «сам себя высек»!

В таком случае о наличии, например, на ныне Краснокрестовской того, что осталось от бывшей синагоги Райхера, как доказательство распространения Иерусалимки и на эту часть города, мне и упоминать не стоит. Нужны «железные» доказательства, подобные приводимым горсоветом…

***

Не знаю, кто вбросил в пламя спора бесформенную корягу с понятием «центр Иерусалимки», но в такой хаотической застройке пытаться определить «центр» (по каким, собственно говоря, ориентирам: территориальным, основным маршрутам движения транспорта, наличии административных зданий, Главной синагоги, еврейской школы — хедера, раввината, полицейской вахты, и так далее?) - пустое занятие. Если принимать во внимание как Старую, так и Новую Иерусалимку, то, как не крути, располагался дом Львовича таки в ЦЕНТРЕ (по оси север - юг) Иерусалимки. Особняк Львовича был, к тому же, самым красивым строением на обеих Иерусалимках, как бы визитной карточкой этой части города.

Что касается отсутствия убедительных доказательств того, что в усадьбе Боруха Львовича находилась «домашняя синагога», то хотелось бы спросить, где и как эти доказательства государственная организация «Центр історії Вінниці» искала. Во всех упоминаниях об этом доме присутствует синагога. Известно, очень богатые люди позволяли себе иметь не только отдельное помещение для синагоги, но и отдельные строения - церквушки на (в) своей усадьбе — забыли что ли? Там же - у Боруха Львовича - находилось помещение для школы, которую посещали дети неимущих родителей.

Насчёт «убедительных доказательств» надо быть осторожней.

Отсутствуют теперь и как бы «убедительные доказательства» того, что здание ныне Детской спортивной школы по Краснокрестовской когда-то строилось для синагоги Райхера. Ну и что с этого? Зато есть «убедительное доказательство» того, как местные власти и «бог украинской акробатики» со Звездой Давида на груди относятся к истории города и строениям-памятникам старины (http://www.proza.ru/2015/09/16/738).

Можно себе представить, сколько внутренних перестроек было сделано (за почти век!) под руководством местных «радиобожков» - наследников одного из изобретателей радио, сына священника и выпускника духовной семинарии А. С. Попова. Следы любой религиозности уничтожали, где могли, еврейской — с двойным усердием, причём среди стирающих следы дореволюционного увлечения народа «опием» было и немало евреев, разумеется, с комсомольским или партийным билетом в кармане.

Да что тут доказывать, объяснять?! Вынужденно признавать выдающуюся роль Б. Львовича - новатора-предпринимателя, его бесспорное меценатство религиозных, культурных и образовательных инициатив и - ни единым словом! - не обмолвиться о, ну хотя бы, н а м е р е н и я х увековечить память и этого человека — разве вам ничего не понятно? Почитайте, как наплевали на доброе дело И. Е. Шиповича, возглавлявшего - по поручению Н. В. Оводова! - дореволюционную комиссию по переименованию улиц и решившего увековечить память Цаля Вайнштейна, назвав его именем улочку у подаренного купцом городу красивейшего здания Реального училища. Как лицемерно поясняли, что именно этой улице обязательно надо называться именем Шиповича (http://www.proza.ru/2016/11/07/970). Нет ни одного пристойного слова, которое можно было бы высказать по этому поводу!

О том, что «За інформацією Центру історії Вінниці, твердження, що 40% всіх задокументованих єврейських погромів здійснили окремі частини війська Директорії, не відповідає дійсності.». Возможно, это так. Статистика подобных явлений, случавшихся в беспорядочное и лживое время, наверное, и не может быть достоверной.

В «Скорбном листе погромов» из книги З. С. Островского (http://www.oldgazette.ru/lib/pogrom/0076.html) приводится следующая статистика: в Украине в 703 пунктах произошло 1295 погромов; из них погромщиками были деникинцы в 226, петлюровцы - в 206, поляки - в 29 и банды - в 834 случаях. В Подольской губернии произошли в 164 пунктах 370 погромов, учинённых дениковцами в 44, петлюровцами - в 113, поляками - в 15 и бандитами - в 198 случаях.

А вот что написано в книге А. Марголина (об авторе и книге будет подробно сообщено ниже):
«За время гражданской войны деникинцы совершили 213 погромов, красные - 106, петлюровцы - около тысячи. Расхождение в данных о количестве жертв измеряется десятками тысяч: у погромов не было порядковых номеров, они не включались в месячные и квартальные отчеты.» Я бы тут дописал: и к «петлюровцам» причисляли кого угодно...

Так что эту тему развивать не следует: истина сокрыта в недосягаемых глубинах океана истории, густо заилена и, вероятно, никогда уже не будет доступной для просмотра и анализа.

Хочу высказаться ещё по одному утверждению из ответа Винницкого городского совета:

«Що ж до Вінниці, то твердження про «наймасштабніший єврейський погром, здійснений військами УНР 30 серпня 1919р.» не відповідає дійсності. На той момент місто перебувало під контролем і захистом підрозділів Галицької армії, серед яких – Пробойовий курінь І Корпусу ГА (неофіційна назва – «Єврейський пробойовий курінь») на чолі з командиром підрозділу Соломоном Ляйнбергом. В інші періоди подій 1917-1921рр. єврейському населенню Вінниці у моменти загрози з боку ворожих військових угрупувань завжди вдавалось знайти захист та підтримку з боку місцевої влади. »

Начнём с погрома, сообщение о котором «не отвечает действительности». Почему же так, если за много десятилетий до установки памятника Петлюре сообщалось об этом погроме? Однако - что в корне изменяет его оценку - погром сей не приписывался конкретно армии УНР. Вот цитата из Электронной еврейской энциклопедии (ЭЕЭ):

«Во время гражданской войны 1917–21 гг. власть в Виннице неоднократно менялась. Еврейское население страдало от поборов и грабежей различных властей, от крайностей политики военного коммунизма, от погромов, самый крупный из которых произошел 30 августа 1919 г. (http://www.eleven.co.il/?mode=article&id=10929&query=ВИННИЦА) ».

А теперь о «Жидовском пробоевом [ударном — С. В.] курене». (Не надо бояться названий, которые на самом деле существовали и ничего обидного тогда для евреев не представляли). Я о нём кратко упоминал осенью 2017-го года (http://www.proza.ru/2017/09/10/1182). Роль его в борьбе за украинское государство была столь значительна, что в Тернополе

(!) в 2012-м году родилась инициатива соорудить Монумент «Жидовскому куреню» в самом центре города. Монумента я летом 2017-го в Тернополе не заметил, но сам факт того, что эта идея исходила из ВО «Тризуб» им. Степана Бандеры, свидетельствует о многом (https://censor.net.ua/photo_news/243112/monument).

Это воинское подразделение, как и многие другие, существовало не долго. Было сформировано в Тернополе в июне 1919-го года (командир — бывший поручик пехотного полка австрийской армии Соломон Ляйнберг). Батальон С. Ляйнберга воевал с поляками, с Красной Армией, нёс гарнизонную службу в Проскурове, Виннице, Бердичеве, Святошине (под Киевом). Расформирован батальон был уже в ноябре того же, 1919-го года. Причина — не боевые потери, а гибель 2/3 числа воинов от эпидемии тифа. С. Ляйнберга, вернувшегося в Тернополь, замучили, по предположению, в 1920 г. поляки, снова овладевшие городом.
Имя Соломона Ляйнберга носит одна из улиц города Львова (http://maxpark.com/community/4391/content/1828221).

Когда именно батальон С. Ляйнберга был расквартирован в Виннице, этого я не знаю. Но то, что погром от 30-го августа 1919-го года был не сравним ни в коем разе - по размаху и числу жертв - с погромом в Проскурове — сомнений не вызывает. Наверное, поэтому Винницкий погром 1919-го года, при приведении числа жертв погромов в разных населённых пунктах Украины, в списки не включается (см. книгу З. С. Островского, о которой шла речь выше). Словом, отрицать защитную роль пребывания в Виннице - временной столице УНР - батальона С. Ляйнберга я не могу; более того, я склоняюсь к такой точке зрения. Конкретней высказаться — мне не достаёт фактов.

Подумайте, вокруг Винницы — Проскуров, Черкасы, Тульчин, Гайсин, Умань, Житомир, Брацлав, Каменец-Подольск, Погребище, Тростянец, Литин, Ладыженка, пр. — везде сотни жертв, до полутора тысячи и более — в рядом расположенном Проскурове, а в Виннице в то же время (февраль - сентябрь 1919 г, исключая 30-е августа?) — никаких погромов.

[Этой теме посвящена также статья Сергея Бахина «Під зіркою Давида за Україну» - Культура і життя, 2014, №30, с. 18. https://issuu.com/culture.ua/docs/.]

***

А. Марголин пишет об этом тоже:
«Наконец, еще одна из многих параллелей, оттеняющих разницу в характере деникинского и украинского движения. В Киеве, в присутствии Драгомирова и Бредова [А. М. Драгомиров, 1868 - 1955, генерал от кавалерии и Н. Э. Бредов, 1873 - 1945, генерал-лейтенант — участники Гражданской войны на стороне Белого движения — Н. К.] , шел открыто еврейский погром. Никогда ничего подобного не бывало в месте нахождении Директории, будь то в Киеве, Виннице или Каменец-Подольском. Киевское население знает, по горькому опыту, разницу между этими двумя "режимами".

И все же, несмотря на все эти весьма существенные обстоятельства, за границей куда больше знают о погромах петлюровцев, нежели о погромах деникинской армии, невзирая на то что последние и количественно, и качественно значительно превзошли первые. Объясняется это не только пропагандой общероссийских кругов, имевших старые связи и большие средства в Америке и Западной Европе, но и тем бесспорным фактом, что первая по времени серия погромов должна была привлечь к себе наибольшее внимание, вызвать наибольший взрыв и негодование общественного мнения. Такова психология общечеловеческая, таковы естественные законы человеческой природы…»

***

В Виннице принято одно неудачное решение попытаться «нейтрализовать» другим, которое на поверку оказывается не менее незадачливым. Я уже приводил пример блестящей «декоммунизации» топонимики присвоением улице Интернациональной имени пламенного коммуниста А. П. Соловьёва. Предложение дать улице имя Натана Альтмана, жившего неподалёку, отвергли. Но, по мнению комиссии по переименованию, было принято «соломоново решение» - улица Натана Альтмана всё-таки появилась, правда, на Старом городе, в том месте, где никогда не ступала нога художника с мировым именем.

После неприятной для всех истории с памятником С. Петлюре власти решили быстро показать свою приверженность интернационализму (хотя улицу с таким именем стерли с лица города) и 6-го декабря установили памятную доску Семёну Якерсону, который - «Українець єврейського походження був сотником армії УНР, загинув у Празькому гетто». Поменял национальность, что ли? Выкрест? Не ясно, как и то, почему надпись на доске по-украински дублируется на идише (https://vn.20minut.ua/Nashe-mynule/sotniku)?

Если С. Якерсон, как разъяснил там же А. Федоришен,

«вінничанин із російськомовної родини єврейського походження» (скорее всего, полагаю, хорошо знавший идиш), то это — не повод для дублирования надписи. [Вот атаман Я. Шепель знал русский и французский языки, но «языкового тризубца» на доске в Литине всё же нет.] Тем более, «Семен Якерсон був українцем за покликом душі». Пусть - и так, но всё же - «українцем».

Согласно рускоязычной Википедии, С. Якерсон происходил «из винницкой еврейской мещанской семьи», ВікіпедіЯ указывает более чётко: «Походив з єврейської міщанської родини Вінниці, юдей за віросповіданням». Тогда уж — на иврите, потому что идиш — бытовой язык, а в синагоге общаются с Б-гом на иврите.

«На відкритті були присутні мер Сергій Моргунов та інші міські чиновники.» Упоминания о присутствии представителей раввината, еврейской общины нет. Протянутая рука городской власти повисла в воздухе…

Весьма примечательно название этой информации: «Сотнику УНР поставили пам'ятну дошку за 70 тисяч гривень». Часто вы встречали такие затратные откровения в заглавиях сообщений об установке памятников и памятных знаков? Я — никогда. Почему же тут такое? Да потому, что этим - как бы между строк - говорится: «Видите, сколько на еврея потратили — а вы всё толмачите о памятнике Петлюре, который городу ничего не стоил: всё оплатил меценат С. Капуста!»

В другой заметке об этом событии (http://www.istpravda.com.ua/short/2017/12/6/151639/) есть интересное, вероятно, со слов А. Федоришена, замечание: «До речі, щодо національності, сам Семен Якерсон свого часу зазначив в одному з документів: "національність – українець, віросповідання – юдей". Хотелось бы увидеть копию этого документа и узнать, по какому поводу С. Якерсон охарактеризовал себя так неортодоксально...

***

18 октября 2017-го года в парке Ливадийского дворца-музея состоялось открытие памятника российскому императору Александру III (1845-1894, правил с 1881-го года до смерти), в котором принял участие президент России В.В. Путин. Церемонию открытия монумента вел обозреватель радио "Спутник в Крыму" Борис Романович Левин - главный врач одной из крымских больниц, Заслуженный врач, 1953 г. рождения. Посмотрел на его фото: http://crimea.ria.ru/society/20170323/1109662861.html. Очень даже сомневаюсь, что он - потомок русских моряков - участников Крымской войны и обороны Севастополя 1853-го года. Бьюсь об заклад, что он и не из крымских татар. Скорее всего, его предки - из бывших селян многочисленных когда-то еврейских колхозов в Крыму (http://evkol.ucoz.com/crimea_kolkhozes.htm).
К чему это я? Почитайте отношение императора к евреям — и всё поймёте (http://jhistory.nfurman.com/russ/russ001-8.htm). Для тех, кому читать некогда, сообщу в нескольких словах. Это при Александре III была введена процентная норма для евреев в школах и вузах: в столицах - 3%, в России - 5%, а в черте оседлости, где евреев было свыше половины всего населения - 10%. Это Александр III выслал из Москвы 20 000 евреев, проживавших там по 30-40 лет. И ещё многое, характеризующее его как отпетого антисемита. В том числе, конечно, безнаказанные погромы - тут, погромы - там.

О славных делах императора Всероссийского, царя Польского и великого князя Финляндского поведал у памятника Президент России. В каких словах воспева императора-юдофоба Борис Левин, я не знаю. Но в обоих случаях это — не наше дело. И тут вмешиваться нам не следует. На бывшем пространстве советской империи, во всех когда-то Союзных республиках — столько памятников людям, прославившимся не только добрыми делами!

Но спросить рьяных обличителей «петлюровщины» из Украины допускается: слышали ли они о выступлениях-протестах по случаю открытия памятника Александру III, о письмах Президенту от российских еврейских организаций с требованием перенести этот памятник в другое место, например, в Ямало-Ненецкий автономный округ: пусть, мол, там любуются им 600 тысяч местных северных домашних оленей? Провели ли в Биробиджане в связи с этим всеобщую забастовку? Читал ли кто неумело зарифмованный «плач» о том, что «у евреев украли Ялту»?

***

[Процитирую себя (в данном случае, почти трёхлетней давности) ещё раз:

«… Унитарное государство с такой выражено отличающейся предысторией его регионов, с таким пёстрым по составу населением будет постоянно лихорадить. Федерализм, как показал опыт большинства передовых стран мира (за исключением, возможно, Китая), является единственным, в этом случае, «жаропонижающим средством».

В Украине примерно три четверти населения — украинцы.

Титульная, как принято говорить, нация. Но как разнятся украинцы между собой по антропологическим, генетическим, культурологическим и прочим признакам! Насколько неоднородна их, что в нашем случае также немаловажно, политическая ориентация! Приблизительно каждый пятый украинец, по данным переписи 2001 г., считал своим родным языком русский язык. Это — в среднем по Украине. А в известных регионах этот показатель зашкаливал за срединную отметку!

Не удивительно, что у каждого из регионов (будущих объектов федерации) свои в е х и истории, свои почитаемые исторические личности, деятели литературы, искусств, свои, наконец, герои-современники... Причём - я подчёркиваю - далеко не всегда — общеукраинского признания! И - свои антигерои, имена которых до'лжно стереть из памяти. Тоже - не везде считающиеся таковыми - http://www.proza.ru/2015/04/25/1733 .]

В Западной Украине главный герой — Степан Бандера - руководитель Организации Украинских Националистов ОУН(б) (бандеровского движения). В Правобережной Украине — Симон Петлюра. Как относится к этим политическим деятелям большинство населения на самом юге страны, в Левобережной Украине — объяснения не требует. Была бы Украина федеральным государством — такого напряжения, когда в с е (!) чем-то недовольны, не было бы. Знаете ли вы, что в «семитском Израиле» об «антисемитизме» С. Петлюры общественное мнение в целом иное, чем у руководителей винницкого и украинского еврейства. Выкрики и претензии отдельных лиц, будь они и депутатами израильского парламента, ситуацию там не отражают. Причина простая: лучшее понимание хаоса первых послереволюционных лет в Украине. С версиями советских «прикладных» историков там почти не знакомы, а у населения бывшего СССР всё ещё не очистились мозги от коммунистических измышлений, вбитых им туда словесной кувалдой идеологической пропаганды в школьные и дальнейшие годы.

***

Реакция «спикера» Еврейской общины Винницы поднимает ещё целый ряд вопросов, которые я не могу оставить без внимания.

Где была община, когда с согласия (или по инициативе?) е в р е я ещё более испоганили и без того обветшалое историческое здание бывшей синагоги Райхера по Краснокрестовской улице, заложив кирпичами узоры (звезду Давида) на его фасаде (http://www.proza.ru/2015/09/16/738)?
Почему не слышен был глас общины, когда только обсуждали-решали переименование улицы Чкалова (на Иерусалимке!) в улицу ненавистного общине Петлюры? Да и после свершившейся - частично парадоксальной - «декоммунизации» не изошло из общины ни звука неприятия такого решения.

Специально ли затаилась община, когда было без обиняков заявлено о намерении установить памятник Симону Петлюре (http://real-vin.com/biznesmen-i-filantrop-sergej-kapusta — публикация от 9-го августа 2017-го года)? Ведь Сергей Капуста в интервью высказался без намёков и недоговоренностей: «Этот человек [Симон Петлюра — С. В.] очень много сделал для Украины. Я решил, что нужно увековечить память о нем, и место выбрано не случайно. В 1918 году в здании, где сейчас находится областное радио, размещался штаб Симона Петлюры. Изваяние поместим рядом. Такого памятника в Украине еще нет.»

Что, хотелось самозваному «спикеру общины» как можно эффектней протрубить об этом городам и весям? Вот поэтому и выжидали «в засаде» более двух месяцев?

Ещё красноречивей поведение «спикера» в пору его службы в компании «Верховна Рада України», когда он был, по его словам, вхож в дом Президента страны Виктора Ющенко. Ведь никто иной, как Виктор Андреевич подписал 16-го мая 2005-го года Указ об установке памятника С. В. Петлюре в столице Украины. Хлопнул ли тогда «спикер» дверью президентского дома так, что услышано это было даже в Виннице?

То, что памятника в Киеве до сих пор нет, связано с целым комплексом причин, которые анализировать здесь просто нет места. Но зато теперь в В и н н и ц е (!) — п е р в ы й в м и р е (!) памятник, изображающий Главного атамана.

[Кстати, никто не обратил внимание на манеру ведения меценатом разговора с корреспондентом: «Я решил, что нужно увековечить… Изваяние поместим рядом.» Ни городские власти, ни общественность — только я и мы. Поистине, кто платит, тот и заказывает музыку, эхо от которой прогремело далеко за пределами Украины.
Мол, прикрываться заключениями экспертов, решениями художественного Совета, областного и городского Отделов культуры, результатами открытого обсуждения идеи и её воплощения — кому это надо? Вон опустили тяжёлое шоколадно-активное «Облако» на желанное только самим самым верхам место — кто-то пикнул? Пошушукались по углам, показали фигу в кармане — тем и ограничились. Мол, так и нам всё с рук сойдёт. Словно в воду глядели! Уже давно тихо стало…

С. Капуста - не простой меценат, «отстёгивающий» суммы со словами: «остальное - ваше дело». Нет, он творит вместе с архитекторами, строителями, писателями, спортсменами, скульпторами, коллекционерами, пр. Самое видное его творение — «восставшая из пепла» гостиница в центре города. Проживающим там предлагается первая такого рода в Виннице книга-путеводитель по дореволюционному городу. Книга написана со знанием дела А. Федоришеном и великолепно издана. О спортивном клубе, о других добрых (для города!) делах С. Капуста я не упоминаю, так как недостаточно с ними знаком. А гостиницу «Франция» видел и книгу читал.

Как это нередко бывает со многими, непрерывный ряд успешных деяний несколько «опьянил» мецената — и он принял не до конца продуманное решение. Не знаю, но имею основания предполагать, что и роль А. Федоришена во всём этом мероприятии с памятником велика. Слишком гладко всё сливается с давней мечтой А. Федоришена о создании и размещении именно в особняке Боруха Львовича «Музея временной столицы УНР». Облюбовал он будущий «дом Петлюры» уже давно (сужу по проводимым им экскурсиям по «Еврейской Виннице», по рассказам его у этого особняка). Вкус у него, конечно, неплохой, но вот, как уже указывалось, исторического чутья, интуитивного понимания неприемлемости такого «перепрофилирования» здания недостаёт.

Готовятся новые скульптуры (без широкого их обсуждения), благо «свой Зураб Церетели» у С. Капуста есть. Но не следует забывать, что общественный резонанс некоторых памятников в несметное число раз больший, чем памятника боксёра у спортивного клуба «Нептун».
«Не делайте себе кумиров и изваяний, и столбов не ставьте у

себя, и камней с изображениями не кладите в земле вашей, чтобы кланяться пред ними… » (Левит 26:1).]

И вот оно - следствие: заклинания «У меня вчера украли Винницу ... У моих детей украли Винницу ...»! Это, заметим, именно ту ВИННИЦУ, которая, как заявил в своём обращении к ней незадолго перед этим (ко дням рождения своему и города: разница всего в один день) сочинитель сего корявого до примитивности стихотворения, «дала мне [то есть, ему — С. В.] меньше, чем я [он] дал тебе [то есть, ей - Виннице]…». Недосчитался чего-то - при подведении баланса - расчётливый эконом. Так чего уж тут, спрашивается, притворно рыдать навзрыд о пропаже неблагодарной ему Винницы? Или эти причитания - по поводу того, что понимается под «меньше»?

А ведь предупреждал Господь учеников своих: «Берегитесь закваски фарисейской, которая есть лицемерие.» (Библия. От Луки, 12 гл.).
« И, когда молишься, не будь, как лицемеры, которые любят в синагогах и на углах улиц, останавливаясь, молиться, чтобы показаться перед людьми ...» (Библия. От Матфея, 6:5)
« Молим Бога, чтобы вы не делали никакого зла, не для того, чтобы нам показаться, чем должны быть; но чтобы вы делали добро, хотя бы мы казались и не тем, чем должны быть.» (Библия. 2-е послание Апостола Павла к коринфянам, 13:7)

А БЫЛ ЛИ С. ПЕТЛЮРА ВИНОВЕН ?
Из-за того, что большевикам и их сторонникам за рубежом удалось на долгие годы прямо таки неразделимо связать имя своего политического противника с еврейскими погромами, глава УНР предстаёт, конечно, не в лучшем свете. И народ реагирует, исходя из этой посмертной «славы» С. Петлюры: одни

противятся переосмыслить исторические свидетельства, другие считают всё-всё большевистской ложью о С. Петлюре и отказываются видеть его просчёты в политике и военных операциях.

Можно найти немало серьёзных документальных источников, показывающих «самостийность» различных атаманов и их банд по отношению к Директории, к С. Петлюре. Некоторые - на мой взгляд, очень весомые и убедительные - будут приведены ниже.

Но пусть вам не покажется смешным, если я тут поначалу вспомню - для небольшого снижения напряжения чтения - полюбившуюся всем «Свадьбу в Малиновке», где «пан атаман Грициан Таврический» заявлял: « Я сам себе Петлюра!», а его «первый адъютант» Папандопала менял папаху на будённовку и, наоборот, при появлении тех или иных войск. (В винницком театре эту роль бесподобно исполнял Иван Михайлович Сикало!) Грициан Таврический утверждал, что он «атаман идейный» и все «его ребята стоят за свободную личность», на что было замечено: «Значит грабить будут».

Это — сценарий оперетты, но таковой, отчасти комедийной была кровавая сутолока в те годы. А то, что многие «опереточные труппы» грабили и «шли по трупам» - это, так сказать, перевёрнутое постановщиком-историей превращение фарса, буффонады в трагедию, а не - как гласит поговорка - трагедии в фарс.

Причины погромов конца 20-х годов прошлого столетия покоились, на мой взгляд, на трёх столпах. Первым был веками проповедуемый христианскими учениями антисемитизм («евреи Христа распяли»), вторым — поддержка евреями борьбы большевиков (обещавших им равноправие с другими нациями) против царизма, третьим — возможность - в отсутствии порядка и твёрдой власти - безнаказанно убивать и грабить евреев.

И вот тут мы подходим к важному моменту, к тому - я бы выразился - двойному историческому «невезению», которое постигло Симона Петлюру. Первым является смешение его фамилии - во время Гражданской войны в Украине - с понятием «петлюровцы», вторым — совмещение, на суде в Париже, учинённых «петлюровцами» страшных погромов с его - Петлюрой - личностью.

***

Кто же такие «петлюровцы» и почему возникло это название участников различных вооружённых формирований? Напомню, что пост Генерального секретаря (по существу, министра) по военным делам в Центральной раде С. Петлюра занял в июне 1917- го года (и покинул он эту должность в конце декабря того же года). До этого он был в апреле 1917- го в Минске, на украинском съезде Западного фронта избран председателем Украинской фронтовой рады, несколько позже возглавил Украинский генеральный войсковой комитет (УГВК). То есть, с самого начала борьбы за становление Украинского государства войска', поддерживающие это национальное движение, ассоциировались в народе с названием «петлюровских военных соединений», а солдат и офицеров этих соединений называли «петлюровцами». В отличие от, например, различных войск Белого движения («белогвардейцев», «деникинцев», «колчаковцев», «калединцев», пр.).

Почему тогда, спросите вы, большевистские (советские войска) не назвали «троцкистскими войсками»? Отвечаю: Л. Троцкий, ставший в марте (апреле) 1918-го года наркомом по военным делам, принял в подчинение начинающуюся формироваться по Указу от января того же года Рабоче-крестьянскую К р а с н у ю а р м и ю , состоящую из к р а с н о а р м е й ц е в. Иного названия искать не надо было, не говоря уже о том, что из фамилии «Троцкий» можно «произвести» лишь «троцкистов» (другого слова, типа упомянутых выше - просто не образовать). Этот термин действительно появился в 20-е годы XX-го столетия, одновременно с учением - троцкизмом, взятым «на вооружение солдатами» так называемой Левой оппозиции.

На протяжении одиннадцати месяцев С. Петлюра был не у дел. С ноября 1918-го года он являлся Главным атаманом (командующим) войск УНР, с мая 1919-го по ноябрь 1920-го года — Главой (премьер-министром) Директории УНР.

Интересно, что солдат и командиров армии УНР петлюровцами называли все их враги: и красные, и белые, и поляки. Дошло до парадокса: петлюровцами называли даже бойцов корпуса генерала Скоропадского во главе с самим будущим гетманом Украины. Через год Симон Петлюра пытался не вспоминать об этом факте.

Не зря на сайте «Альтернативная история» (http://alternathistory.com/kto-takie, тут есть коротенький фильм с фотографиями и кинокадрами о Петлюре) отмечается (автор — Дмитро "Калинчук" Вовнянко), что «Называть петлюровцами воинов Центральной Рады было бы некорректно. Во-первых, украинизированные части российской армии, которые сложились при секретариатстве Петлюры, были распущены Центральной Радой в первые дни большевистского нашествия. Отряды, защищавшие ЦР и гнавшие большевиков из Украины, формировались стихийно, прямо в ходе боев.

Во-вторых, сам Петлюра на тот момент находился в отставке и занимал должность командира Гайдамацкого коша Слободской Украины, то есть фактически — двухбатальонной бригады. По иерархии он находился ниже генералов К. Присовского и А. Натиева (командующих Запорожской бригады-дивизии-корпуса), атамана Ковенко и военного министра подполковника А. Жуковского.

Очевидно, под термин «петлюровцы» подпадают те части армии УНР, которые существовали на протяжении 1919-1920 годов, когда Симон Петлюра занимал должности Головного Атамана и председателя Директории. Однако откуда эти части взялись? Сформировать какие-либо новые части Директория не имела времени, поскольку восстание против гетмана для нее перешло в антибольшевистскую войну практически без перерыва — 14 декабря 1918 года гетман Скоропадский отрекся от власти, а уже 25-го красные атаковали украинские гарнизоны на Харьковщине и Черниговщине.

Опираться Директории пришлось на формирования гетманской армии, которые согласились на службу УНР.»

Далее приводятся подробные доказательства того, что стержнем «петлюровской» армия были соединения армии, служившей гетману Скоропадскому: «Как и национальную денежную единицу, и государственный бюджет, и два украинских университета, и немалые средства государственной казны, готовые кадры военных частей социалисты из Директории получили в наследство от того же буржуазного гетманского правительства, которое они искренне и люто ненавидели даже в эмиграции после войны.»

Заключая, приведу ещё одну цитату из этой же статьи: «…
практически вся армия, которую позже возглавили социалисты из
Директории, была сформирована и вооружена военным
министерством гетмана Скоропадского.» А её называли,
повторяю, «петлюровской» и все грехи, которые взяли на душу
воины, меньше всего думавшие о «единой-неделимой»,
приписали Главному атаману.

***

Очень интересный факт о неоднозначном отношении разных
соединений «петлюровцев» к погромам приводит Вячеслав
Желиховский:
https://www.facebook.com/groups/historyofvinnytsia/, 21.11.2017
(УНР — стихия его интересов, посему он первый найдёт в
представляемой мной публикации немало фактических
неточностей). Следует только знать, что факт этот взят из
архивно - следственного дела хорунжия УНР Льва А. Скурского,
заведенного на него ГПУ ещё в 1931 г.
(https://picturehistory.livejournal.com/515252.html). О
фальсифицированных материалах ГПУ, НКВД, КГБ я писал уже
не раз. Вот почему приходится сомневаться в большинстве так
называемого фактического материала, особенно в тех случаях,
когда знаешь о времени и обстоятельствах появления такового.
А речь шла о бое в начале марта 1919-го года на станции Тюшки
(Ярмолинка?) между отрядом сотника Павла Феофановича
Шандрука (1889-1979, умер в США) — в будущем генерала-
хорунжия армии УНР, командира Отдельного стрелкового
Запорожского куреня с Особым ударным корпусом войск
Директории под командованием повстанческого атамана
Александра Палиенко (1890 - …). Палиенко был арестован и взят

под следствие за погромы (дальнейшая его судьба не известна).

***

Вот цитата из статьи, ни в коей мере не связанной с обсуждением роли и вины С. Петлюры в еврейских погромах 1919-го года (Атаманы вокруг Петлюры — http://helpiks.org/6-63285.html):

«Уже в апреле 1919 года в советских сводках сформировалось четкое, но несколько ошибочное определение украинского повстанчества как «петлюровского» или «петлюровско - националистического». Современные историки также допускают ошибку, трактуя украинское повстанчество марта–августа 1919 года как «петлюровское». На самом деле с середины февраля этого года (когда Петлюра возглавил Директорию УНР) до августа говорить о каком;то особом петлюровском повстанчестве не приходится. Командование армии УНР до августа 1919 года не утвердило своего систематического влияния, руководства и связи с национально ориентированным антибольшевистским повстанчеством. Только после перехода на сторону Директории Тютюнника, Божко и других атаманов Центральной Украины Петлюра и его стратеги начали устанавливать свой контроль над украинской атаманщиной в тылу красных и белых.

В марте–июле 1919 года до 80 % повстанческих атаманов Украины и атаманы целых повстанческих армий – Махно, Григорьев, Зеленый, Струк, Сатана, Соколовский, Ангел, Заболотный, Коцур – не признавали ни правительства Директории как «слишком буржуазное», ни власть самого Петлюры. Атаманы создавали свою форму власти, которая не вписывалась в систему унифицированной власти Директории. Большинство атаманов того времени были «советскими атаманами» – выступающими за советскую систему. Но они отвергали советы, созданные большевиками, а боролись за Вольные советы с неограниченными правами местной власти, хотя и с элементами «диктатуры трудящихся». Руководство повстанцами было в руках «левых» конкурентов Петлюры: левых украинских эсеров, социал - демократов «независимых», борьбистов, боротьбистов, анархистов.

В то же время Петлюра, как глава Директории, видел в «атаманщине», разъедавшей структуру Украинской республики, угрозу для своей власти и стабильности режима, опасность погромов и разложения своей армии. В районах, контролируемых Директорией, также возникали «республики безвластия», такие как Теминковская волость на Волыни. О ней летом 1919 года в штаб Петлюры пришла такая информация: «Население не признает никакой власти, считая себя отдельным государством». Вскоре на территориях, контролируемых Петлюрой, появляются Дерманская, Пашковская, Пригоринская, Вытыкивская, Яновская, Летичевская «республики»... В условиях ослабления власти «каждая волость жила сама по себе».

[Если кому-то, прочитавшему об «Атаманах вокруг Петлюры», особенно последний абзац, вспомнится, что я в начале сей статьи писал о возможности исторических аналогий, то я повторяю: от этого соблазна я решительно отчураюсь. - С. В.]
Далее тут же указывается следующее: «Историк О. Моргун писал, что Директорию сгубило «огромное количество «полковников» непосредственно из прапорщиков и атаманов разного калибра и ценности... от доктора Луценко начиная, через Волоха, Волынца, Зеленого, Шепеля, Данченко, и на батьке Божко с «матерью - Сечью» кончая. Все это, жаждущее власти, иногда развращенное и цинично нахальное в своем своеволии,

тянуло Петлюру вниз».

И ещё — в этой же публикации:
«Петлюровское повстанчество – т. е. повстанчество,
ориентированное на Симона Петлюру как на национального
лидера, начало формироваться только с осени 1919 года, уже
после поражений «модели» независимых «советских» атаманов.
Оно формировалось благодаря победам петлюровцев на фронте в
июле–августе 1919 года и походу армии Петлюры на Киевщину.
Но и во второй половине 1919 - го связь Директории с атаманами
была случайной, руководители повстанцев просили у Петлюры
«оружия, патронов и денег», но в основном получали только
обещания и приказы.

Петлюровское повстанчество было более хаотичным,
разрозненным, стихийным и многовекторным по сравнению с
махновщиной (с ее единым батькой), даже несмотря на весь
анархизм последней. Петлюровское повстанчество – термин
довольно размытый, более широкий, условный, который
объединял повстанцев, а их главным лозунгом был лозунг
создания независимого украинского государства. У махновцев же
на первом месте стояли социальное освобождение и борьба
против системы государственной эксплуатации. Вне зависимости
от отношения лично к Петлюре или к режиму Директории
петлюровские повстанцы боролись за Украинскую республику,
но в той ее форме, как это понимал каждый местный
крестьянский атаман, который был «и царь и бог» в районе и к
тому же главный идеолог, главный законодатель, главный
налоговик...

Под термин «петлюровское повстанчество» обычно
«подписывали» отряды множества атаманов. На Киевщине это

были Мордалевич, Цветковский, Орлик, Мартыненко, Струк, Соколовская, Юрис, Жгира, Ковальчук, Грызло, Дерещук, Аланда, Мозолевский, Демченко, Сокол, Святненко, Павловский, Кобенко, Коваленко, Ильченко, Ульяна, Куравский, Сюрупа, Багатый, Чучупак, Голый, Сокур, Грузенко, Трепет, Галайда, Терещенко, Деркач, Мамай, Петренко, Кикоть, Степовой, Келеберда, Бондар, Сидоренко; на Херсонщине – Гулый - Гуленко, Железняк, Заболотный, Конашенко, Завертайло, Хмара, Око, Пшонниких; на Подолье – Шепель, Чуприна, Лыхо, Волынец, Складный, Моргуля, Громовой, Орел; на Полтавщине – Орловский, Вовк, Беленький, Левченко, Гонта, Матвиенко, Вояка, Штата, Пятненко, Любченко, Черный; на Екатеринославщине – Чорна Хмара, Мелешко, Гладченко, Сирко, Зирка; на Черниговщине – Ромашка, Галака и т. д.»

«Во второй половине 1920 года был создан Объединенный Всеукраинский повстанческий комитет, который признал Петлюру главой национального движения. В этот комитет входили атаманы Заболотный, Волынец, Орел, Вовк, Гуляй - Беда, Деркач, Левченко, Чупрынка, Лютый, Орлик, Трайко, Богун, Лыхо, Пугач, Шепель, Хмара, Сирко, Черкас, Дубчак, Могила, Клепач, Наливайко, Пятенко, Струк, Мария Соколовская, Мордалевич, Ромашко, Малолетко, Пшонник, Трепет, Гулый - Гуленко, Черт. В красном тылу формировались мощные мобильные атаманские соединения. В Украине в 1920 - м действовали до тысячи «разноцветных» атаманов, которые в своих отрядах объединяли до 100 тисяч повстанцев.»

***

Что творилось на Украине в описываемое время, красочно представлено в следующей книге: Савченко В. А. Двенадцать войн за Украину. — Харьков: Фолио, 2006. — 415 с. — (Время и судьбы). Книга имеется в интернете и с ней ознакомиться очень просто: http://militera.lib.ru/h/savchenko_va/index.html. Цитирую:

«В то же время к северу от Киева полыхало восстание крестьян против «коммунии», которое возглавил атаман Илья Струк [Илько (Илья) Струк (1896 - ?)] (отряд около 3 тысяч повстанцев, 4 пушки, 8 пулеметов). В феврале 1919 года Струк перетянул остатки своего отряда в состав советских войск и ему было присвоено название «20-й советский полк», а также приказано выступить на фронт против петлюровских войск. Но уже через две недели после перехода на сторону Красной Армии, в марте 1919 года, Струк решает выступить против большевиков. Угрожая кровавыми погромами, он обложил еврейское население севера Киевщины большой контрибуцией, за счет которой экипировал свою «армию». Захватив городок Чернобыль, он объявил себя командующим Первой повстанческой армией, воюющей против большевиков. Струк пытался распространить свою власть не только на Чернобыльский уезд, но и на всю северную Киевщину. С момента создания «струковской армии» она отличилась массовыми еврейскими погромами, резней евреев в Чернобыльском и Радомышльском уездах.» [Отряд Струка входил также в состав армии Деникина, был союзником польской армии, контактировал с петлюровцами, но не подчинялся их командующему — генералу Мордалевичу. Отряд Струка действовал на севере Киевщины до ноября 1922 г.]

***

Как указывалось выше, в плохо зарифмованной филиппике С. Петлюра обзывается «продажной шкурой». Действительно, С. Петлюра пытался упорядочить контакты с самыми различными политическими силами. Он вёл переговоры в Киеве с делегацией Временного правительства (А. Керенский и др., июль 1917) об автономии Украины, о комплектовании украинских военных частей. До декабря 1917 он ещё пытался наладить отношения с Совнаркомом РСФСР, но потом пошёл на разрыв, за что решением Генерального секретариата и Центральной Рады Петлюра был отправлен в отставку с поста военного министра и выведен из состава Генерального секретариата. О практически постоянных попытках уладить разногласия с Польшей, даже жертвуя частью, чтобы сохранить основное — и говорить не приходится.

Для создания регулярной армии С. Петлюре нужны были средства — и он вынужден был просить о помощи зарубежье. Деньги, оружие и амуницию С. Петлюра получал из Франции, Германии, Австрии. И за это приходилось кое-чем поступаться. «Продажными шкурами», если под этим подразумевать политическую гибкость и компромиссы, можно обозвать всех руководителей государств, тем более, в военное время.

Разве во время подготовки Брестского мирного договора не шла «продажа шкур»? Заключённый в марте 1918-го года, он был аннулирован ВЦИК уже в ноябре того же года. Вслед за этим Германия капитулировала перед своими западными союзниками. Унизительный «продажный» мир в конце-концов оказался на пользу Советской России и резко поднял авторитет «продажной шкуры» - Ленина, настаивавшего на заключении этого казалось бы позорного договора.
Так что рифма «Петлюру - шкурой» не только донельзя слаба и банальна, но и ложна по существу.
Как было сказано Петру, «ибо и речь твоя обличает тебя» (Евангелие от Матфея, 26:73).

***

Возвратимся, однако, к основному вопросу этого раздела статьи. Вот как сообщается в Электронной еврейской энциклопедии (ЭЕЭ) о ситуации того времени (Украина. Евреи Украины 1914-1920 — http://www.eleven.co.il/article/15410. Интересующимся этой темой рекомендую прочитать всю статью.):

"Снижение уровня жизни, вызванное продолжавшейся войной и развалом экономики, привело к новому усилению юдофобии на Украине. В Киевской, Полтавской, Екатеринославской, Волынской губерниях, в Одессе во второй половине 1917 г. усилилась антисемитская пропаганда, в селе Снежки Киевской губернии распространились слухи о ритуальном убийстве евреями христианской девочки. В Елисавстграде толпа перекопала еврейское кладбище, рассчитывая найти там спрятанные продукты; в Александровске происходили грабежи еврейских лавок. На Киевщине, Волыни, в Подолии вновь начались погромы; их инициаторами были отступавшие из Галиции после провала июньского наступления солдаты русской армии. В ряде мест крестьянские сходки принимали решения о выселении евреев: это происходило, например, осенью 1917 г. в Проскуровском, Литинском, Брацлавском уездах Подольской губернии.

Пытаясь предотвратить погромы, Центральная рада опубликовала в марте 1917 г. воззвание к населению Украины с призывом не поддаваться на провокации антисемитов, не верить клевете на евреев. В воззвании от 20 октября 1917 г., подписанном от имени Рады генеральным секретарем по национальным делам А. Шульгиным, осуждалась юдофобская

80

пропаганда: «Достойные кары агитаторы, пользуясь темнотой народной массы, пробуют разжечь чувство национальной вражды... Все сознательные украинцы должны всей своей энергией помочь Генеральному секретариату и местной администрации в борьбе против этого проклятия, перешедшего нам в наследство от царского режима». В октябре–ноябре 1917 г. против погромов выступили также генеральный секретарь по внутренним делам В. Винниченко и генеральный секретарь по военным делам С. Петлюра, призвавший воинов украинской армии пресекать антиеврейские беспорядки. «Если вы их допустите, — заявил он, — то покроете позором украинское войско. Никакие погромы не должны быть допущены на нашей земле»."

***

В другом месте Электронная еврейская энциклопедия (в статье о Симоне Петлюре - http://eleven.co.il/article/13206) замечает: «Лишь в июле 1919 г. Петлюра направил войскам циркулярную телеграмму, а в августе 1919 г. издал приказ по армии, резко осуждавший погромы, декларировавший, что евреи не являются врагами украинского народа, и грозивший суровым наказанием погромщикам. Согласно украинским националистическим источникам, несколько самых рьяных погромщиков были казнены.»
Этот просчёт С. Петлюры никто не попытался серьёзно, с привлечением убедительных фактов проанализировать: не хотел Главный атаман или не смог (тогда - по каким причинам?) указанные циркуляр и приказ издать и довести до своей армии раньше? Я не настолько знаком с этим периодом украинской истории, чтобы высказать свою версию. Весьма вероятно только то, что даже с обретением в мае 1919-го года полноты власти

Петлюра не избавился в своём окружении от людей, имевших иное мнение по еврейскому вопросу, чем он сам. Кто может теперь сказать, в каких спорах рождались эти циркуляр и приказ, как были восприняты в войсках? Вот и остаётся во всём винить С. Петлюру только потому, что винить кого-то в отсутствии немедленных решительных мер по пресечению погромов и сурового наказания виновных надо, но конкретно, кроме С. Петлюры — н е к о г о.

На этом месте я хотел бы кое-что уточнить. На обсуждаемом в статье процессе защитник покойного С. Петлюры (гражданский истец) Кампэнши (в ответ на демонстрацию Торрэсом длинного списка убийств, насилий и грабежей, которые совершались над евреями в то время, когда С. Петлюра пользовался неограниченной властью) заявил, что еще в апреле 1919 г. Главный атаман выпускал прокламации, осуждающие погромы (погром в Проскурове был в феврале 1919-го года). «Эти прокламации казённые и запоздалые. Они были вызваны соображениями внешней и внутренней политики», - парировал Торрэс. В чём состояла «казённость» прокламаций, что грешного в том, что они вызваны политическими соображениями? — об этом в отчёте о суде не сказано.

***

Страсти вокруг Симона Петлюры не имеют и не будут иметь конца. В слишком уж противоречивое время он жил и боролся. И его деятельность, и оценка её останутся ещё непредсказуемо долго контрадикторными. Чтение материалов о С. Петлюре требует определённого комплексного настроя — скептического, аналитического, синтетического.

Именно с этих позиций для меня, например, статья Юрия

Винничука «Знов Петлюри голос чути в лісі» (http://i-vin.info/news/znov-petlyury-golos-chuty-v-lisi-22871) намного более убедительна, чем «предсказание» частого гостя ток-шоу В. Соловьёва Авигдора Эскина «Завершается тысячелетние пребывание евреев на Украине» (РИА Новости, 26.10.2017 - https://ria.ru/analytics/20171026/1507487516.htm). К тому же, не могу избавиться от ощущения, что статья А. Эскина вызвана не печалью и заботой о судьбе нынешнего еврейского населении Украины, а является одним из проявлений актуального российско-украинского противопоставления.

Таково моё мнение по «нехорошо прославившему» Винницу случаю. Отсутствие исторического и социального чутья, с одной стороны, и совершенно не адекватная реакция, с другой, засвидетельствовали огромный дефицит взаимопонимания между власть имущими и ныне одним из национальных меньшинств в городе, население которого когда-то было на треть или даже наполовину еврейским.

***

Теперь перейдём к рассмотрению книги, полностью отображённой в интернете (http://www.oldgazette.ru/lib/pogrom/index.html). Вот её выходные данные: Островский З. С. - Еврейские погромы 1918-1921гг. Издательство Акц. общество "Школа и книга". Москва, 1926. Тираж 5000 экз. Весь закавыченный текст — цитаты из книги З. С. Островского.

Ничего не нашёл об авторе, но обращаю ваше внимание на следующее примечание:
« От редакции: Предлагаемый краткий очерк погромной эпопеи

1918-1921 г. составлен три года тому назад на основании многочисленных материалов и документов по поручению Еврейского общественного комитета помощи погромленным (Евобщестком). »

Первое: книга написана, как выражаются в таких случаях, по горячим следам, то есть, непосредственно после окончания Гражданской войны. У автора была возможность побеседовать с жертвами, со свидетелями и, возможно, с участниками «погромной эпопеи 1918-1921 г.» (эта терминология - «эпопея» - редакции, на мой взгляд, неудачна). Второе: книга з а к а з а н а, что, в принципе, не было бы недостатком, если бы в подавляющем большинстве случаев авторы волей-неволей не подстраивались под явное желание заказчика и не педалировали бы одни факты, одновременно опуская другие как «не существенные». Но и в таких заказных книгах можно увидеть немало фактического материала, представляющегося правдивым. Итак, читаем некоторые места книги, избранные мною, сознаюсь, с целью попытаться показать экстраординарность того времени.

«"Петлюровщина" действовала не только через свои регулярные войсковые части, но и через свои многочисленные резервы, которые под флагом петлюровщины свирепствовали на Киевщине, Черниговщине, на Волыни, в Подолии, в Херсонщине и т. д.
Эти бандитские шайки имели даже известное преимущество в глазах Украинских "самостийников", ибо задачу свою они выполняли не хуже Гайдамаков, а в то же время это были совершенно безответственные группы, за действия которых не приходилось отчитываться перед общественным мнением народных масс Европы и Америки.

Вот почему бандитизм так пышно расцвел под крылышком "Петлюровщины", которая вооружала, снабжала и инструктировала его, поддерживая самую тесную связь со всеми разбойничьими атаманами и батьками.» (http://www.oldgazette.ru/lib/pogrom/01.html)

«… всюду, даже в самых отдаленных и глухих углах, образовывались банды, довершавшие то, что не было сделано регулярными петлюровскими или деникинскими частями. Так, например, банда Соколовского оперировала в районе Радомысла, Житомира, Умани, Сквиры и Погребища; банды Зеленого - в районе Триполя; банды Яцейка - в районе Таращи; банды Струка - в Чернобыльском районе: банда Волынца действовала в Гайсинском районе, банда Ангела - в Бахмачском районе; григорьевские банды свирепствовали на огромной территории Елисаветград-Черкассы; махновские банды гуляли по Полтавской и Екатеринославской губ., а также подвизались в районе Гуляй-Поле-Александровск и в еврейских колониях; банды Галака и Семенюка свирепствовали в Белоруссии и т.д., а кроме этих крупных банд действовали десятки мелких бандитских шаек, которые забирались в самые отдаленные углы, где только возможно было поживиться еврейским добром и упиться кровью и страданиями еврейской жертвы.» (http://www.oldgazette.ru/lib/pogrom/01.html)

А вот что пишет о С. Петлюре Вячеслав Румянцев — редактор интернетовского журнала «Хронос» (http://www.hrono.ru/biograf/bio_p/petljura_s.php):

«Несколько раз совершил удачные походы на Киев. Только его удача каждый раз оказалась временной, а вот война со всем светом (с большевиками, белогвардейцами, гетманскими войсками, поляками, махновцами) была постоянной. Вчерашние "петлюровские" полки внезапно переходили на сторону противника - красной армии или белогвардейской - но и дивизии противника и повстанческие отряды во вражеских тылах порой как по мановению волшебной палочки превращались в "петлюровцев".»

«… ответил за еврейские погромы, даже за совершаемые в тылах у "красных" и у "белых" многочисленными атаманами и батьками, которые для "легитимности" своих малых и кратковременных диктатур брали себе имя "петлюровцы". И сам лидер национального украинского движения пострадал не как историческая личность - Семен Васильевич Петлюра, - а как первый "петлюровец", был убит якобы за проводимые им еврейские погромы.»

«Во время судебного процесса над убийцей Петлюры парижские присяжные заседатели почему-то поставили на обсуждение вопрос: виновен ли Петлюра в еврейских погромах… но ведь судили-то Самуила Шварцбарда за убийство Семена Васильевича, а не наоборот… Даже у Фемиды в демократической Франции отказал рассудок, когда она взялась за дело Петлюры.»

Тем, кто интересуется историей УНР и личностью С. В. Петлюры, настоятельно рекомендую обратить внимание на прилагаемый к статье библиографический указатель книг и статей о «Первом петлюровце», по определению В. Румянцева. Там же — указатель «Из бумаг Петлюры», причём всё перечисленное отображено в интернете. Я не решаюсь даже краешком зацепить эти материалы, так как остановиться будет трудно: там много для меня и, без сомнения, для вас нового, требующего глубокого осмысления. Но всё же прочтите хотя бы написанный чеканным стилем «Приказ С. Петлюры населению Украины» от 21-го сентября 1919-го года — будете удивлены …

***

Теперь об одном из, на мой взгляд, самых важных документов: о книге юриста А. Д. Марголина (см. о нём в ПРИЛОЖЕНИИ) «Украина и политика Антанты. Записки еврея и гражданина» (https://profilib.com/chtenie/88140/arnold-margolin) . Об этой книге кратко уже дважды упоминалось выше.

А. Д. Марголин написал эту книгу в 1921-м году, когда был уже официально никак не связан с правительством УНР, за пять лет до убийства С. Петлюры и последовавшего за этим процесса над Шварцбардом. То есть, имеются все основания считать как приведенные автором материалы, так и оценку их, свободными от влияния каких-то внешних обстоятельств, в том числе - гибели Главного атамана и бушевавших в европейской и мировой печати страстей во время подготовки суда над убийцей.

В качестве введения к книге приведу замечание А. Марголина о короткой встрече с Петлюрой в Виннице: «… По внешнему же виду он произвел на меня впечатление очень одаренного, смелого и в то же время милого и доброго человека.»

А теперь — другие выдержки из этой книги.
« Глава 11. Февральские и мартовские погромы. Моя отставка. Отъезд в Париж

С развитием успехов большевиков на украинском фронте рос развал украинской армии, который достиг своего апогея при ее беспорядочном отступлении от Винницы к Каменец-Подольску.

Начались страшные, жестокие февральские и мартовские погромы. Прибывающие из Балты, Ананьева, Проскурова и других городов и местечек очевидцы погромов рассказывали о таких зверствах, которые превосходили все, что могло себе представить воображение, и вызывали в памяти печальные дни 1903 года в Кишиневе...

... Греков [бывший царский генерал-лейтенант, генерал Армии УНР (до 5-го июля 1919 г.) Александр Греков, его пост с 6-го июля занял генерал Мирон Тарнавский — С. В.] был искренно подавлен и не менее нас метался и принимал зависящие от него меры. Он поспешил на фронт, издал приказ о предании военному суду и расстреле погромщиков... Но это не возымело никакого действия, да и нельзя было проверить, исполнялись ли уже в это время приказы правительства на расстоянии дальше нескольких верст от его нахождения.

... Оставаться дольше на своем посту было невмоготу. А с другой стороны, было сознание, что мой уход ничему не поможет и что станет меньше одним человеком среди тех, кто мог, по крайней мере, бить в набат. Достаточно сказать, что я мог пользоваться в те дни, по своему положению, телеграфным проводом из Одессы в ставку Директории. Этот провод находился в руках французов, и им могли пользоваться лишь должностные лица.

И я телеграфировал правительству, взывал не только к его чувствам, но и к политическому разуму. Впрочем, я не сомневаюсь, что там, в ставке, эти растерявшиеся люди, уже безвластные, подхваченные и несомые мутным, но бурным течением, сами понимали весь ужас происходившего не только для несчастных жертв погромов, но и для украинского национального дела, и для них самих.

… 11 марта 1919 года я подал заявление на имя министра иностранных дел Мациевича следующего содержания:

"Тяжелая ответственная работа, которая лежит теперь на всех членах правительства, осложняется трагическим фактом все не прекращающихся еврейских погромов и сознанием, что власть оказывалась все время бессильной для приостановления ужасных насилий и убийств, имевших место в Проскурове, Ананьеве и т. д. Мне точно известно, что правительство делает все от него зависящее для борьбы с погромами. Я знаю также, что бессилие правительства в этой борьбе удручает всех членов правительства и лишает их того душевного равновесия и спокойствия, которые сейчас так необходимы для плодотворной работы на благо всех народов, населяющих Украину. Мои же душевные переживания, как еврея, усугубляются сознанием, что результаты анархии, от которой страдают главным образом лишь материальные интересы всего другого населения, для еврейского народа являются роковыми и гибельными.
Ввиду изложенного я не чувствую себя в силах продолжать работу по занимаемой мною должности товарища министра иностранных дел и прошу об освобождении меня от исполнения обязанностей по названной должности".»

«Члены еврейской делегации (Конференции мира в Париже, весна 1919 г. — С. В.) сами могли убедиться, насколько был чужд антисемитизм представителям Украины в Париже. А между тем они вовсе не являлись исключением среди украинской интеллигенции и отражали те же взгляды и настроения, которые были характерными и для Фещенко-Чоповского, Корчинского и других членов последнего правительства, как и для Винниченко, Петлюры, Чеховского и всех им подобных. Все эти люди не принадлежали к той родовитой знати, которая впитывала в себя в России с молоком матери яд презрения и отношения сверху к еврейскому народу. Дети сельских учителей, священников, крестьян, они росли вместе с еврейской молодежью, принимали совместное участие в освободительном движении. Достаточно ознакомиться с одной книжкою рассказов Модеста Левицкого, известного украинского деятеля, исколесившего в качестве врача немало городов и местечек Украины и хорошо изучившего еврейский быт, чтобы составить себе ясное представление о психике украинского интеллигента в еврейском вопросе. Особенно ярким является в этом отношении последнее произведение Винниченко, написанное для синематографического экрана, "Кол-Нидре".»

«Наконец, я впервые (Каменец-Подольский, середина октября 1919-го года — С. В.) говорил лично с Петлюрою. Судьба все время как-то так устраивала, что раньше мы никак не могли встретиться. А между тем этот человек так долго стоял во главе украинского движения, с которым и я был связан уже с весны 1918 года. О нем столько говорили и писали. Его, наконец, обвиняли в попустительстве во время погромов. Для меня, еврея, это было самое страшное обвинение. Думаю, однако, что и для таких людей, как В. К. Прокопович, А. Я. Шульгин, Б. П. Матюшенко и им подобные, сотрудничество с правительством или Директорией, хотя бы косвенно виновными в погромах, представлялось бы явно недопустимым. От этих же уважаемых деятелей, давно и близко знавших Петлюру, я имел о нем такие отзывы, которые совершенно исключали саму мысль о возможности проявления с его стороны не только погромного, но даже и вообще антисемитского настроения.
Правда, я уже знал, что Директория не решилась сразу покончить с Семесенко и ему подобными, невзирая на явную доказанность

виновности Семесенко, Козырь-Зирки и др. Мне было известно, что Директория ограничилась заключением Семесенко в тюрьму и назначением над ним и другими атаманами, обвинявшимися в устройстве либо попустительстве погромов, предварительного следствия.

Но к рассмотрению этого вопроса о всех тех, кто самочинно творил ужасы Проскурова и всех других этапов еврейского мученичества, я еще вернусь в другом отделе этой книги. Пока же ограничусь лишь общим замечанием, что в той атмосфере безвластия и разложения, которая окружала Петлюру в проскуровские дни, единственное, что он и правительство могли сделать, – это уйти… Их уход не остановил бы, конечно, злодеев и лишь углубил бы еще больше анархию. Но Петлюра лично избавил бы себя от всякой ответственности за продолжение этих ужасов.»

«… Петлюра откровенно рассказал мне о том безвыходном положении, в котором находилась в это время армия. С подкупающей искренностью он бичевал и себя, и других за целый ряд ошибок в прошлом. Никакой демагогии, никакой рисовки, а один лишь здравый смысл и безграничная любовь к своему народу сквозили во всем том, что он мне говорил. Затем он стал расспрашивать меня о моих заграничных впечатлениях. По самой постановке вопросов я видел, что этот человек превосходно уже разбирался в западноевропейской политике и сильно отошел от утопизма русской социалистической мысли, на которой был, в сущности, воспитан.»

«Люди познаются больше в несчастии, нежели в зените успеха. Это старое правило. За те три дня, которые мы пробыли в Тарнове (польский город, декабрь 1920-го года — С. В.), я трижды виделся с Петлюрою. Его трезвые государственные взгляды, безграничная любовь к Украине, умение ориентироваться и отчетливое знание всего, что происходило за границей, на сей раз обнаружились еще рельефнее, чем во время встречи в Каменец-Подольском. Он снова как бы вырос. Все муки, выпавшие на долю этого человека, всякие обвинения, сознание огромной ответственности закалили его. Он продолжал оставаться на своем посту.»

« … Мазепа (И. П. Мазепа, 1884-1942 — премьер-министр УНР с августа 1919-го по май 1920-го года — С. В.) и Красный (см. ПРИЛОЖЕНИЕ) настаивали на моем возвращении к активной политической работе. Красный, по поручению Мазепы и некоторых других украинских деятелей, долго и убежденно уговаривал меня либо войти в кабинет и взять на себя Министерство иностранных дел (Левицкий тогда хотел оставить этот пост, который он занимал временно, совмещая его с постом министра юстиции), либо поехать в Англию в качестве главы тамошней украинской миссии. Красный находил, что окончательный уход евреев от активного участия в украинском движении крайне нежелателен, ссылался на пример своей работы, на целый ряд случаев, когда благодаря существованию министерства по еврейским делам удавалось спасать евреев и от погромов, и от других бедствий.
Как интересный факт, явно недопустимый при том духе, который царил в правительствах Колчака и Деникина, отмечу, что Красный принимал в это время участие в обсуждении и решении правительством всех вопросов на правах члена кабинета с решающим голосом. В этом сказывался и подлинный демократизм правительства (Красный был министром не по общим, а по еврейским делам), и его искреннее желание всегда слышать голос еврейства, хотя бы из уст скромного, тихого, но

стойкого и мужественного Пинхуса Красного…»

«… Уже после того, как печатание настоящей книги было почти закончено, в распоряжение автора поступили новые материалы о мероприятиях украинского правительства против погромов в 1919 году. Из этих документов характерным является наказ № 77 от 13 апреля 1919 года.»
[Я привожу ниже текст этого наказа по книге А. Марголина — С. В.]

« Наказ войскам действующей армии Украинской Народной Республики № 77 от 13 апреля 1919 года
Перевод с украинского
Черносотенцы, большевики, разные кулаки и просто грабители ведут среди наших казаков сильнейшую агитацию в направлении разграбления и уничтожения еврейского населения, которое будто бы является виноватым во всем том, что творится у нас, на Украине, и в Московщине. Эта компания старается всяческими способами вызвать на Украине еврейские погромы, чтобы на этой почве свершить свое темное дело. Черносотенцы и кулаки думают, что когда начнутся у нас погромы и другие проявления анархии, то скорее явятся на Украину союзники и посадят царя, который снова возвратит им прежние имения, большевики же и разные грабители и разбойники просто хотят набить свои карманы и, грабя "жида", запускают свои когти и в других, кто попадется им в руки. Такие люди стараются пролезть в нашу армию, пролезают, прикидываются искренними и натравливают доверчивых действительных защитников народа на учинение беспорядков, чтобы таким путем скорее накинуть петлю на шею нашему свободному украинскому народу.

Казаки! Тот, кто хочет добра своей отчизне, кто хочет, чтобы не было у нас чужеземцев: китайцев, латышей, московских грабителей-большевиков и др., кто хочет, чтобы не было царя либо снова гетмана и чтобы наш народ был свободным, республиканским, тот должен помнить, что всякая анархия, а особенно погромы мирного населения, не приведут к этому. Анархия страшнее вооруженного врага, который надвигается на нас со всех сторон. Помните, казаки, что благодаря погромам может быть уничтожена наша мощь, ибо смерть невинно убитых во время погромов будет вызывать против нас злобу и количество наших врагов еще увеличится. Казачье дело – бить вооруженного врага, кто бы и какой бы он ни был, а не воевать с женщинами, детьми и стариками, на что вас хотят толкнуть враги, чтобы запятнать пред всем светом наш народ и нашу державность. Впредь приказываю: всех, кто только будет вести погромную агитацию среди казаков, задерживать и предавать немедленно чрезвычайному суду. Попытки погромной агитации в войсковых частях немедленно подавлять.

Оригинал подписали: Вр. и. о. Наказного Атамана, Атаман Мельник. За Начальника Штаба Действующей Армии – Атаман Синклер.»

«Уже после того, как настоящая книга была написана, в мое распоряжение поступила копия доклада атамана Тютюника на имя главного атамана Петлюры. В этом докладе Тютюник сообщает о том, что согласно его приказам по приговорам чрезвычайных военных судов осенью 1919 года за учинение еврейских погромов были расстреляны: в местечке Вахновке (Липовецкого уезда) – 4 грабителя, на станции Христиновка – 83 погромщика. Кроме того, в тот же период по его приказу в местечке Тальном на месте погрома было расстреляно пять погромщиков, имена коих были оглашены для всеобщего сведения специальным печатным наказом.

Между прочим, необходимо иметь в виду, что речь идет в данном случае о командующем киевской дивизией Максиме Тютюнике. В украинской армии и среди нерегулярных банд было несколько атаманов – однофамильцев Тютюника, причем один из них (Георгий или Юрий) стяжал себе весьма печальную славу погромщика.»

Здесь желающие могут обратиться к материалам по этому вопросу - https://profilib.com/chtenie/88140/arnold-margolin-ukraina:
« Глава 22. Документы о мероприятиях украинского правительства в борьбе с погромами. Письма Никовского к еврейским общественным деятелям.», «Глава 23. Проект анкетной комиссии для расследования погромов. Данные Темкина о погромах.», «Глава 24. Погромы эпохи Директории и погромы деникинской армии. Параллели. Народы и правительства.», «Глава 25. Винниченко и Петлюра. Их неосторожные фразы и нерешительность в период первых погромов.»

Оказывается, что злополучная фраза «Не ссорьте меня с армией» - неизменный припев всех обвинений против Петлюры, что касается еврейских погромов, была неосторожно высказана Виниченко еврейской делегации (гл. 25 книги А. Марголина). Но солдат и офицеров - "винниченцев" не было, а "петлюровцев" всех сортов - много и везде. Теперь — ясно?!

***

Есть такая латинская поговорка: «post hoc et non propter hoc», которая переводится как «после этого - не значит, что вследствие этого». Я бы высказался придуманной мной для времени правления С. Петлюры и обвинений против него несколько похожей латинской поговоркой: «inter haec et non propter hoc» - «в это время (когда С. Петлюра возглавлял УНР и её армию) - не значит, что вследствие этого» (того, что главенствовал С. Петлюра). [За грамотность «моей» поговорки на латинском языке не ручаюсь: известно, что «латынь из моды вышла ныне», по поводу чего сетовал ещё А. С. Пушкин - а я, положа руку на сердце, знаю латынь даже похуже Евгения Онегина.]

Вы не согласны, считаете моё мнение о «без вины виноватом» С. Петлюре ошибочным? Возражу вам словами японского писателя Харуки Мураками (род. в 1949 г.): «На свете не бывает ошибочных мнений. Бывают мнения, которые не совпадают с нашими, вот и всё.»

НУЖНО ЛИ И МОЖНО ЛИ ЧТО-ЛИБО ИЗМЕНИТЬ ?

Я, как помните, ещё ранее писал, что Дом Львовича должен оставаться Домом Боруха Моисеевича Львовича. [В который раз пишу, как и большинство, неправильно. Согласно документам надо - Боруха Мошковича. Да и отца его звали Мошко Львович. - см. книгу А. Секретарева «Місто над Бугом»; ссылка - ДАВО, ф.230, оп.1, док. 110.]

Не упоминая историю и «Ерусалимское» местонахождение этого дома, Людмила Мрачковская тоже считает нынешнее помещение областного радио неподходящим для будущего музея.
«В целом мне кажется, что какое-то вышло неуважение к пану главнокомандующему! Почему такого выдающегося героя посадили где-то на задворках? На маленькой улочке, в неприметном дворике? Кто его там увидит? Куда дети цветы

понесут? Ведь главная канцелярия пана размещалась совсем не тут, а прямо на Соборной [конечно, правильней, да просто грамотней было бы назвать — учитывая обоснование сего названия — бывшую Ленина улицей Соборности, но моё давнее предложение на этот счёт (http://www.proza.ru/2015/09/16/738) никого не «колыхнуло»; а в Полтаве - недаром там зародилось ядро украинского языка - учли вот законы правописания — Н. К.], в самом центре города. Сохранились документы, чёткие планы помещения: где, что, в какой комнате было расположено. Место и для музея новейшей истории удобное. И выглядел бы он самым лучшим образом — непосредственно перед исполкомом!» (http://33kanal.com/vinnichchina/skandal).

Л. Мрачковская, правда, не уточнила, где же именно должна в таком случае находиться скульптурная композиция Главного атамана. Выскажу своё мнение.
Хотя можно с уверенностью говорить, что канцелярия Временной столицы УНР занимала помещения не только первого этажа гостиницы «Савой», предполагаемому музею на первых порах хватило бы этих помещений. Там же, в вестибюле и следует поместить памятник, установленный - не совсем продуманно или, скорее, согласно фальшивой концепции, продуманно - у Дома Львовича. Поместить так, чтобы его было хорошо видно (вечером — подсвеченного) через стекло со стороны улицы. Этим можно было бы выразить: кто не хочет — не смотрите, в музей не заходите. А кто хочет — вот он, наш, как высказалась Л. Мрачковская, выдающийся герой.

[Место установки любого памятника имеет почти такое же значение, как и «содержание» скульптуры., пр.
Любимая театральными и кино-зрителями всех национальностей СССР Фаина Георгиевна (Григорьевна) Раневская (урождённая

Фанни Гиршевна Фельдман, 1896 - 1984) после установки в Москве, на площади Свердлова памятника К. Марксу знаменитого скульптора Льва Ефимовича Кербеля (1917 - 2003), удостоенного за эту работу Ленинской премии (1962), прокомментировала событие следующим ироническим замечанием:

- А потом они удивляются, откуда берётся антисемитизм. Ведь это тройная наглость! В великорусской столице один еврей на площади имени другого еврея ставит памятник третьему еврею! Конечно, тут есть и совершенно иной подтекст, но в любом случае «не только скульптура красит место, но и место красит скульптуру».]

А Дом Львовича — передать в распоряжение Еврейских общин. Там на Иерусалимке, а не в двух-трёх комнатах административного здания кирпичного завода - место «Музею Холокоста в Винницкой области». Там, возможно, будет открыт Еврейский культурный центр с библиотекой, небольшим концертным залом, пр. Это уже — дело самих общин. А улица Петлюры — отрезок нынешней улицы Оводова от улицы Соборности до Старогородского моста. Как раз в том направлении смотрели С. Петлюра и Ю. Пилсудский, когда выступали с углового балкона гостиницы «Савой», мечтая о новых, расширенных границах своих независимых государств.

И, последнее: как назвать то, что осталось после новостроек (в первую очередь, здания Укртелекома) от бывшей улицы Чкалова? Улицей Боруха Львовича? Это надо решать после того, как кто-то возьмётся за исследование архивных материалах о Б. М. Львовиче. Кабы этим занялся упоминавшийся выше Сергей Фазульянов — за достоверность результатов и непредубеждённость выводов можно было бы не беспокоиться

…

***

Каков, по-моему мнению, мог бы быть выход из этой неразрешимой - при неизменности векторов намерений - ситуации я указал выше.
Но «мог бы быть» - глагольная категория «сослагательное наклонение» - останется, по моему мнению, в музейной истории о временной столице УНР неизменно, по-иному — н а в с е г д а.

C'est La Vie (се ля ви — такова жизнь), как, представляю себе, промолвил Шолом-Самуил Шварцбард-Шварцбурд, покидая 26-го октября 1927-го года тюрьму La Sante, в которой он провёл, находясь под следствием, без месяца полтора года …

«МИШКА ШИФМАН БАШКОВИТ — У НЕГО ПРЕДВИДЕНЬЕ…»

[Я далёк не только от способностей Нострадамуса (1503 - 1566), но и другого еврейского пророка - В. Г. Мессинга (1899-1974), с которым однажды, на рубеже 50-х-60-х провёл определённое время на сцене и - после окончания «нашего совместного» выступления - прогуливаясь по ночному винницкому Парку им. Горького.
К тому же входивший в состав Реввоенсоветов Западного, Южного и Юго-Западного фронтов Гражданской войны И. Сталин - непосредственный противник С. Петлюры - как-то раз «провидчески» высказался: «Не кичливость, а скромность украшает большевика.» В этом мы не раз убеждались на примерах самого Сосо Джугашвили, а также его последователей - Никиты Хрущёва, Леонида Брежнева, Михаила Горбачёва…

Ошибка «великого марксиста и знатока языкознания» была в малом: в отсутствии «анти» перед словом «большевика».

Причисляя себя с юности к «антибольшевикам» эпохи развитого социализма, не мог я вам сказать прямо, как Гришка Распутин: « Я т а к вижу », а только скромно намекаю на это первыми словами (см. выше.) известной песни Вл. Высоцкого.]

***

Руководитель недавно созданной государственной организации «Центр історія Вінниці» (https://www.facebook.com/vinnytsia.history/) уже давно, ещё будучи юным выпускником университета - начинающим экскурсоводом, при разработке своей агенды (плана будущих действий), включающей концепцию увековечивания исторического факта - «Винница - временная столица УНР», положил глаз на особняк Боруха Львовича как на основное помещение для соответствующего музея. На всё остальное, то есть, например, связанное с таким вариантом гарантированное недовольство тех, для кого Симон Петлюра — не герой, если не сказать покрепче, было положено всё остальное.

Эта ошибка - того же рода, что и ряд его других промахов, о которых я не раз писал (например, тут: http://www.proza.ru/2014/09/01/2047 - о ляпсусе, связанном с «голосованием» в связи с осквернением синагоги, или тут: http://www.proza.ru/2016/11/07/970 - о непростительном преднамеренном грубом огрехе при выборе улицы Шиповича). И если прежде я объяснял их малым жизненным и профессиональным опытом дипломированного историка, то теперь имею право подозревать намеренное игнорирование исторических фактов и связанной с ними совершенно иной - явно не петлюровской - ауры этого особняка.

[Насчёт улиц Шиповича, Соловьёва, Альтмана, пр. можно, конечно, спрятаться за спину ныне «лучшего социальщика страны» (буквальное высказывание о нём премьер-министра), но возглавлял тогдашний «социальщик» городского масштаба (точнее - заместитель городского головы Винницы по вопросам медицины и социальной сферы) комиссию по «декоммунизации» формально, вникать во все тонкости этого весьма щепетильного мероприятия не имел желания и времени, то есть, лучшим «переименовальщиком» он явно не был. И совсем не лишним будет тут упоминание о его специфическом высшем образовании, полученном в Ленинградском высшем военно-политическом училище ПВО имени Ю. В. Андропова (квалификации: офицер с высшим военно-политическим образованием, учитель истории и обществоведения — данные из ВикипедиИ). Преподавали там хорошо, но - с каких идеологических позиций? А тут, воленс - ноленс, занимайся «декоммунизацией»!
Ох, как было бы интересно узнать, какими соображениями руководствовались винницкие мудрецы при подборе кандидатуры «атамана декоммунизации»! Как им удалось в сжатые сроки найти подходящую кандидатуру, выученную беспрекословно исполнять команды сверху и, в свою очередь, повелевать, не принимая никакие возражения!
«Куда как чуден создан свет! Пофилософствуй — ум вскружится…» - удивляюсь я вместе с Павлом Афанасьевичем Фамусовым, управляющим в казённом месте (А. С. Грибоедов, 1795-1829 - «Горе от ума», 1824).

А кто был фактическим заводилой в винницком варианте приведения в исполнение приговора сего довольно расплывчато

101

сформулированного президентского Указа — это мы хорошо знаем.]

Ныне всё происходит по простой, легко разгадываемой схеме: сначала переименование улицы Чкалова именно в улицу Петлюры. [Справедливее всего, конечно, было бы дать имя С. Петлюры железнодорожному вокзалу, недалеко от которого стоял личный поезд с вагоном - кабинетом и квартирой Главного атамана. Но вокзал не носил имя какого-либо деятеля советской эпохи — как тогда «декоммунизировать некоммунистическое»? Ни в Указе, ни в разъяснениях к нему, таких же запутанных, как и сам Указ, об этом не говорилось. К тому же — необходимость затяжного согласования с руководством Південно-Західної Укрзалізниці. Время же поджимало… А с Чкаловым допускалось, никого не спрашивая, быстро разделаться самим: он превратился в б/у (бывшее в употреблении) «общее достояние».]

Следующий этап — памятник С. Петлюре у «его дома», бывшего особняка Б. Львовича. И последующий — скромное упоминание в выше цитируемой статье газеты «33-й канал» об одной-единственной комнате этого особняка, которую предполагается «экспроприировать» под музейный к о м п л е к с (!) «Винница - временная столица УНР».
Привычное очковтирательство, так распространённое в демократической Виннице. Вспомните, как беззастенчиво «вешал лапшу на уши» населению прежний городской голова, рассказывая басенки о приглашённых экспертах из США (для определения истинных границ закрытого старогородского еврейского кладбища). А карты кладбища, на котором захоронения проводились до 1949-го года, спокойно лежали в Областном архиве (http://www.proza.ru/2012/11/14/78). Вот и сейчас — точно то же самое.

Уверяю вас, что планы перевода Управления областным телевидением и радио в новое здание уже давно готовы и утверждены. (И находятся они в секретном сейфе, как когда-то все материалы о "шоколадно-активном «Облаке»".) И здание это будет построено - я не исключаю - на Иерусалимке. Оттуда - с крыши высокого строения с видом на реку, зелёные насаждения, церкви, громаду «Рошена», мосты - так клёво будет вести телевизионные передачи - интервью. На весь мир! Особенно ту передачу, во время которой главный инициатор создания музея, а также профессор-историк и - с ними вместе - городской голова расскажут интервьюеру об открытии в уже Доме Петлюры музея, название которого теперь для вас не секрет. (Из-за единственной комнаты устанавливать памятник перед домом было бы бессмысленно. Согласны? То-то: тут и у меня нет никаких сомнений.)

«А Иерусалимка?», - спросите вы. А она постепенно исчезнет. От неё останется только воспоминание: улица, удивительно, снайперски точно неправильно-правильно названная, по предложению доктора исторических наук Т. Р. Кароевой, «Ерусалимка». И несколько реставрированных домиков более, чем столетней давности постройки (если найдутся желающие вложить в эту реставрацию - не в «европейский ремонт»! - средства).

О создании хоть какого-нибудь мемориального островка, «старо-еврейской зоны», Памятника языку идиш и мечтать не приходится. Это сделать — по многим причинам — ещё труднее, чем на бывшей улице Володарского, которую кромсают, как кому заблагорассудится (http://www.proza.ru/2015/08/26/1946).

Иерусалимка уже век с лишним — бельмо на глазу города. Минимум — с момента закрытия рынка, располагавшегося со всеми своими «филиалами» между костёлом, планируемой ещё в бытность рынка электростанцией, въездом на старый мост, иезуитским монастырём.

Рынок перебрался на шесть десятилетий на Каличу — и его бывшее подбрюшие - Иерусалимка предстало во всей своей неприглядной обнажённости. Там негде было глазу отдохнуть: скученность, грязь, отсутствие элементарной гигиены. И всё покрыто сажей-золой, густо изливающейся из труб электростанции вниз. Было отчего прийти в ужас санитарной службе администрации врача по образованию - Городского головы Н. В. Оводова.

Довоенная советская власть решила было расселить жителей этой внутригородской еврейской слободки, но когда подсчитали количество там ютившихся, быстро поняли неподъёмность сей задачи. А после войны то, что осталось не- или только полу-разрушенным немцами, наспех подремонтировали, залатали и тут же превратили - с согласия городских служб - в «пригодное для жилья». Из эвакуации, из армии возвращались родственники «новосёлов» - Иерусалимка разбухала. Но не от избытка новых строений, жилой площади, а от количества жильцов в комнатушках-клетушках. Улица Едельштейна, Селянский переулок - за малым исключением - были как бы законсервированы.

Потом евреи Иерусалимки начали её покидать. Покидать вместе с расставанием с городом, вместе с отказом от первой в мире страны победившего социализма, а с 1991-го — вместе с отречением от не известно в какую сторону устремляющейся независимой Украины, возглавляемой «отцом независимости», бывшим заведующим идеологическим отделом, секретарём ЦК Коммунистической партии Украины. Их халупы за бесценок скупили те горожане, которые бо'льших трат себе позволить не могли.

И вот уже многие годы ждут они выстрела стартового пистолета с крыши «прозрачного офиса»: начала состязаний за участки бывшей Иерусалимки. Ждут - не дождутся в надежде получить от застройщиков - в порядке компенсации - новое, современное жильё.

Иерусалимка остаётся и сейчас серым пятном на городском фоне, но уже третье десятилетие - иным бельмом, ожидаемое хирургическое удаление которого, с пересадкой туда зданий модерновой архитектуры, просветлит этот лакомый бугский склон. Фильтры электростанции, давно отказавшейся от угля, функционируют безотказно, «воздух чист и свеж, как поцелуй ребёнка» (это сравнение я списал у М. Ю. Лермонтова), центр города — вот он, рядом. Словом, лучшего места для собственных апартаментов для людей из департаментов не найти. [О грядущем преображении старой Иерусалимки я уже писал, обращая внимание на её будущий вид со стороны левого берега Южного Буга (http://www.proza.ru/2017/06/20/1392).]

Могу и ошибиться в своём прогнозе: и областное радио-телевидение переедет не на Иерусалимку. Но как я «попал в десятку», предсказывая развитие небольшого сообщества «Історія Вінниці» (тогда ещё тут - fb.com/groups/historyofvinnytsia) в необходимую городу — его прошлому, нынешнему и будущему — структуру (http://www.proza.ru/2013/03/24/162)! И этот меткий дальний выстрел (из зарубежья, без оптического прицела и ориентировки на местности) как бы подстрекает к новым настройкам на будущее с помощью «магического глаза».

Последняя организационная и кадровая перестройка «Історії Вінниці» в «Центр історії Вінниці» (https://www.facebook.com/vinnytsia.history/) быстро принесла положительные сдвиги, инициатором и исполнителем которых явилась теперь уже официальная г о с у д а р с т в е н н а я организация. И эти перемены, несмотря на разделяющие нас почти две тысячи километров, не могли остаться не замечаемыми. Но признавая с удовлетворением - на мой взгляд - позитив, не могу, как и ранее, не высказывать своё неудовольствие по ряду - опять на мой же взгляд — решений и свершений. Руководитель группы знает, что я от похвал тоже не воздерживаюсь, что там же (см. выше) четыре года тому назад «расписал» и его грядущие достижения. И всё идёт как бы «по моему плану»: метаморфоз группы (яйцо-личинка-куколка-имаго и, обретши крылья, свободный полёт) — книга (отличная и отличающаяся от всего прежнего, написанного о Виннице!, о чём я ему писал) — диссертация (в работе). Далее — читай в статье, адрес которой был дан выше.

ЗАКЛЮЧЕНИЕ

Вы, наверное, уже забыли, что во вступлении я сформулировал пять вопросов, на которые мне хотелось бы дать ответы этой статьёй. Возвратимся к ним.

1. Почему Петлюра, при всех его неудачах, стал и остался (уже' на столетие!) в памяти большинства украинского населения символом независимого украинского государства?
Потому что за это столетие так и не появился на Украине лидер,

в с е действия которого были бы подчинены главной цели, к которой стремился Симон Петлюра. Потому что мечта С. Петлюры - будем честны - остаётся и до сих пор ещё полностью не воплощённой, не выраженной до конца в конкретной, реальной форме. Достигнуто только максимальное в истории Украины приближение к идеалу, который, как и любое общественное движение, нуждается в знамени. Образ С. Петлюры на этом стяге пока не может заменить никто и ничто. Залог этого - жизнь, смерть и посмертие С. Петлюры.

2. Почему именно Петлюре, в отличие от большинства руководителей УНР первого и второго существования, приклеили ярлык ярого антисемита и убийцы десятков тысяч еврейского населения, проживавшего в то время на территории, подвластной (кое-где - только формально) Директории? Объяснение этому приводилось не раз выше — и тут нет необходимости повторяться.

3. Почему пока не удалась идея создания и установки памятника Симоне Петлюре где-либо в другом месте Украины?
По простой причине: в унитарном государстве у местной власти руки связаны указаниями и позволениями из столицы. Кроме того, практически везде имеются противники выражения монументальной памяти Главного атамана УНР, тем более - за счёт местного бюджета.

4. Почему первый памятник Симону Петлюре возник и установлен именно в Виннице? Потому что, во-первых, есть для этого, вроде бы, подходящий повод — Временная столица УНР. Во-вторых, инициаторам идеи памятника удалось создать

мощную группу, обеспечивающую реализацию монументальной памяти без финансовой поддержки местных властей, которым не надо было (и будет) отчитываться за траты. В-третьих, на установку памятника С. Петлюры Винница, как мне представляется, была благословлена в качестве опытного полигона (каков будет резонанс на месте, в стране, за рубежом?).

5. Каково могло бы быть более правильное решение, не вызвавшее бы уже появившихся и неминуемых в будущем проблем с памятником Петлюре, установленном именно на Иерусалимке, у бывшего особняка крупнейшего винницкого предпринимателя и мецената доУНР-овских лет еврея Боруха Львовича?
И на этот вопрос дан уже ответ в отдельном разделе публикации.

***

Из предполагаемой небольшой статьи само собой получилось исследование, которое можно издать отдельной книжицей, брошюрой. И его ещё можно и нужно было бы расширить. Потому что чёткой картины пока не получилось. Виноват ли сам С. Петлюра - столь неоднозначная личность, либо его окружение, либо то, не подводимое под общий знаменатель время — не знаю. Да и я привнёс в понимание заслуг и просчётов, побед и поражений С. Петлюры не только нанограммы истины. Но и прилипшую к истинным фактам и суждениям за столетие, прошедшее с событий, непосредственно последовавших за Февральской революцией и Октябрьским переворотом в Санкт-Петербурге, п ы л ь от - гранов, скрупулов, драхм, унций, фунтов, килограммов, центнеров, тонн - мифов, домыслов, вздора, извращения фактов, обмана, лжи…

Это не обо мне было сказано, а о сыне Давидовом, царя в Иерусалиме: «Кроме того, что Екклесиаст был мудр, он учил еще народ знанию. Он всё испытывал, исследовал, и составил много притчей. Старался Екклесиаст приискивать изящные изречения, и слова истины написаны им верно. (Книга Екклесиаста, или Проповедника, Глава 12, стихи 9-10). Но я старался всё же следовать примеру этого царевича.
«Притом я старался благовествовать не там, где уже было известно имя Христово, дабы не созидать на чужом основании, но как написано: «не имевшие о Нём известия увидят, и не слышавшие узна'ют» (Послание к Римлянам, Глава 15, стихи 20-21). Вы понимаете, что речь веду я здесь снова о Главном атамане, а не о Нём.

И если всё задуманное и реализованное мною (новые факты, их толкование, выводы и предложения) окажется на поверку тщетным, то значит время сейчас такое. Как и в середине 19-го века, в 1851-м году, когда Фёдор Иванович Тютчев (1803-1873) в стихотворении «Наш век» утверждал, что: « Не плоть, а дух растлился в наши дни, И человек отчаянно тоскует... Он к свету рвется из ночной тени, И, свет обретши, ропщет и бунтует... »
Н е у ж е л и всех недовольных, обиженных, возмущённых этой статьёй мне будет не перечесть?!

Поначалу я писал, что «Цель этой статьи — не оправдание Симона Петлюры, нет.»
А если кто-то, дочитав до конца, с этим не согласится — обижаться не буду.

Моя задача была иной (см. ВСТУПЛЕНИЕ) — и я понимаю, что не смог её выполнить до конца.

«Братия, я не почитаю себя достигшим; а только, забывая заднее и простираясь вперед, стремлюсь к цели.» (Послание к Филиппийцам, Глава 3, стихи 13-14).

ПРИЛОЖЕНИЕ:

ДОСТОВЕРНЫЕ ФАКТЫ

Евреи - министры по еврейским делам, члены правительства, видные политики Центральной Рады и Директории (по данным из различных источников, включая ЭЕЭ):

Моше Зильберфарб (1876-1934) — министр по еврейским делам Центральной рады (январь-февраль 1918 г.). Умер в Польше.

Лацкий-Бертольди Яков Зеев Вольф (1881-1940) — в 1918 г. некоторое время был на Украине министром по еврейским делам в правительстве Директории. Умер в Тель-Авиве.

Авром Ревуцкий (1889-1946) — в декабре 1917 г. принял предложенное ему министром по еврейским делам украинской Центральной Рады М. Зильберфарбом место сотрудника министерства, а в январе 1919 г., после отставки министра Я. З. В. Лацкого-Бертольди, возглавил это министерство в украинской Директории, но уже в феврале вышел в отставку, протестуя против волны погромов, которые Директория не пыталась предотвратить. Умер в США.

Пинхас Красный (1881 - 1939) - с февраля 1919 г. по ноябрь 1920 г. занимал пост министра по еврейским делам в различных правительствах Директории. Безуспешно пытался бороться с погромами, которые устраивали вооруженные силы Директории. По инициативе Красного, Директория приняла постановление о создании чрезвычайной государственной комиссии для расследования погромов и привлечения виновных к уголовной ответственности, но на практике ничего сделано не было. В конце 1920 г. Красный эмигрировал, а в 1927 г. вернулся в Советский Союз.

В 1938 г. был арестован, в 1939 г. расстрелян по обвинению в создании антисоветской сионистской террористической организации и руководстве ею.

В 1928 г. (после возвращения в СССР - !) вышла книга «Трагедия украинского еврейства (к процессу Шварцбарда)», в которой Красный обвинил Директорию и ее председателя С. Петлюру в организации еврейских погромов.

Арнольд Давидович Марголин (1877-1956) — член Генерального суда УНР (с марта 1918 г.), заместитель министра иностранных дел (с ноября 1918 г.) . В марте 1919 г., после кровавого погрома в Проскурове, подал в отставку, но продолжал поддерживать правительство С. Петлюры, считая ответственным за погромы не украинское правительство Петлюры, а преступников, «чёрную сотню» и большевиков, которые хотели дискредитировать украинское правительство (Википедия). Дипломатический представитель Директории в Лондоне и Париже (1919-1920).

В 1921 г. написал книгу «Украина и политика Антанты. Записки

еврея и гражданина»; в России книга издана в 2016-м году ("Центрполиграф").
Умер в США, куда переехал в 1922 г. Занимался там адвокатской практикой, журналистской деятельностью, читал лекции.

Моше (Моисей Григорьевич) Рафес (1883-1942) — Генеральный контролёр Центральной Рады (июль-август 1917 г.). Репрессирован в 1938 г. (осуждён на 10 лет).

Марк Львович Вишницер (1882-1955) — еврейский историк, социолог и общественный деятель, профессор, доктор философии. В 1920 г. был сотрудником Чрезвычайной дипломатической миссии УНР в Лондоне. Умер в Тель-Авиве.

Александр Иосифович Золотарёв (1879-1938) — Генеральный контролёр Центральной Рады в последние месяцы её существования (с ноября 1917 г. по январь 1918 г.) . Репрессирован (1937), расстрелян. Автор книги «Из истории Украинской Центральной рады. — Х., 1922».

ВЕРОЯТНЫЕ ФАКТЫ

История музея Симона Петлюры в Париже

«Украинская диаспора создала в Париже в помещении журнала «Тризуб» музей Петлюры. Люди собрали там большую библиотеку. После оккупации Франции в 1940 году гитлеровцы вывезли эту библиотеку в Кенигсберг, где в 1945-м она попала в руки советских властей. После войны украинцы, жившие во Франции, подали в суд на Германию с требованием

возместить ущерб музею. Они выиграли процесс
и на полученные от ФРГ деньги купили дом. Там на первом
этаже сейчас находится православная церковь Святого Симона,
на втором — музей Симона Петлюры. Кстати, в соседнем здании
размещен Еврейский центр.» - заведующий Музеем Украинской
революции 1917-1921 годов Александр Кучерук:
14.07.2017 http://fakty.ua/240817-petlyura.

НЕВЕРОЯТНЫЕ ФАКТЫ (которые необходимо воспринимать с
иронией)

Некоторые факты, связанные с улицами Симона Петлюры в
Украине:
 - Ресторан «Титаник» - Ивано-Франковск, ул. Симона Петлюры,
19 : http://titanic.if.ua/
 - Ресторан «Файна Фамілія» - Киев, ул.Симона Петлюры, 5 :
https://www.tripadvisor.ru/Restaurant_Review-g294474
 - Кафе и столовая «Кампот» - лагерь (camp) атамана (укр. -
отамана)? - Ровно, ул. Симона Петлюры, 3 :
https://www.tripadvisor.ru/Restaurant_Review-g777826 .
 - Кафе «На Петлюры» - Ровно, ул. Петлюры, 40 :
https://ua.igotoworld.com/ru/poi_object/73686 .

- Депутаты Шишакского (Полтавская область) поселкового
совета приняли решение о переименовании улицы Петлюры в
«Шишакскую». (С. Петлюра родился в Полтаве, до которой от
Шишак по прямой — всего 50 километров. Фракции «Бунда» -
еврейской партии - среди депутатского корпуса не выявлено. - Н.
К.) «Шишакская районная организация ОУН сегодня (03.02.2017
— Н. К.) обратилась в районный суд с иском для отмены такого

решения», - сообщил глава ОУН Украины Чермак (http://poltava.sq.com.ua/rus/news/novosti/03.02.2017).
В районный суд да против депутатов — это что-то новое.

ПОСТСКРИПТУМ

Большинство моих публикаций остаётся без откликов. О причинах сего я уже писал (http://www.proza.ru/2017/05/27/1693). Да, я почти неизменно что-то или кого-то подвергаю критике, указываю на, по моему мнению, недостатки, осуждаю. Но всегда — после подробного и основательного разбора, розыска необходимых для критики материалов. Оценивать, разбирать, рецензировать, осуждать, порицать, раскритиковывать — не такая уж приятная работа. Но не зря так уже сложилось, что возникли и профессия - критик, и критические журналы, книги, и сатира в её разных видах.

Понимающие и воспринимающие критику осознают, что в продвижении любого дела можно опираться только на то, что оказывает сопротивление. И, внешне как бы не приемля критику, внутренне признают аргументы оппонента верными — и вносят коррективы в своё поведение, в своё творчество. Не хочу приводить примеры и указывать пальцем на конкретных лиц, демонстрировать коррекцию их действий, приписывая это результатам именно моей критики. Но такое случается, хотя с виду эти лица остаются холодными к моим замечаниям и рекомендациям.

Обратите внимание, что больше всего «достаётся» от меня тем, кто что-то делает, кто созидает. Правда, не так, как - мне представляется - это было бы правильнее.

Бездельников критиковать, сами понимаете, не за что (если они не приставлены избирателями что-то д е л а т ь в исполнительном выборном органе власти). Бездельников, как гласит поговорка, «не только похулить грешно, но и похвалить незачто».

Реагирую и я, ориентируясь на поведение моих «подопечных»: даже танку, чтобы преодолеть или обойти препятствие, приходится нередко немного сдавать назад.

Так и развиваемся на пользу нашей общей задаче: узнать получше историю города, понять бывшие и текущие общественные, экономические, культурные тенденции, делать всё, как можно более подходяще.

Эта статья, конечно, в определённой степени и для меня особая. Похвалы в ней совсем мало. Больше недовольства. От случая к случаю — на грани осмеивания, которое редко кем переносится стоически. Мне совершенно ясно, что я сам себя подставляю нападкам, придиркам, обвинениям. Но если последние а р г у м е н т и р о в а н ы, подкреплены фактами, не поверите, рад я им — значит задел за живое, стало быть дал толчок к продвижению вперёд.

Просто огульно, бездоказательно огрызаться — не рекомендую никому. Резкая моя отповедь последует незамедлительно. Малодушные могут жаловаться на меня в любые инстанции: ничего противоправного я не пишу и не публикую, везде привожу подлинные цитаты, даю соответствующие ссылки.

Запрет на обнародование публикации ведёт к тому, что я ещё более заостряю материал и обнародую его в другом месте.

Неоднозначная и вместе с тем харизматическая личность Симона Петлюры оказалась оселком, лакмусовой бумажкой для проверки нашего стремления к тщательному осмысливанию истории, к её обдуманному отображению в наглядной агитации, к взвешенной реакции на возрождение признания заслуг Главного атамана, к правде, наконец.

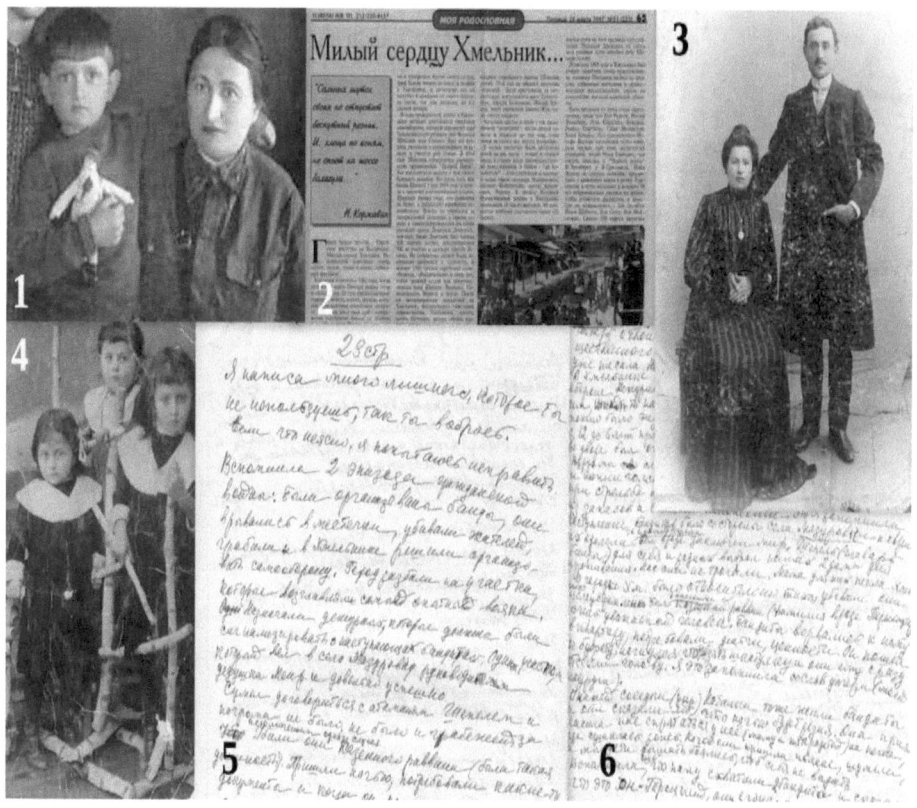

Хмельник как зеркало украинской эволюции

Доколе, Господи, будешь скрываться непрестанно,
будет пылать ярость Твоя, как огонь?
Вспомни, какой мой век: на какую суету

сотворил Ты всех сынов человеческих?
Кто из людей жил — и не видел смерти,

избавил душу свою от руки преисподней?
Псалтирь, Псалом 88, стихи 47-49

Я не буду объяснять почему 110 лет тому назад В. И. Ленин назвал статью, приуроченную к 80-летию Л. Н. Толстого, «Лев Толстой как зеркало русской революции». Об этом можно узнать из само'й статьи, которая представлена в интернете. Я приведу только несколько вырванных из текста цитат, заменяя в них «(русскую) революцию» на «(украинскую) эволюцию» (эти слова напечатаны с увеличенными пробелами между буквами).

 - «… наша э в о л ю ц и я — явление чрезвычайно сложное; среди массы её непосредственных совершителей и участников есть много социальных элементов, которые … явно не понимали происходящего…»
 - «… у к р а и н с к а я пресса, переполненная статьями, письмами и заметками … всего меньше интересуется анализом … характера у к р а и н с к о й э в о л ю ц и и и движущих сил её. Вся эта пресса … есть грубое лицемерие продажных писак, которым вчера было велено травить … , а сегодня — отыскивать … патриотизм и постараться соблюсти приличия перед Европой.»

Полагаю, что этого достаточно для понимания моего замысла, и что мне можно уже переходить непосредственно к заявленной теме. Если кое-кто ещё что-то не уразумел, тот, уверен, несколько позже поймёт, что' я намеревался сказать, засев за эту статью. Естественно, если он (она) ознакомится с ней до конца, после чего перечитает приведенные выше, «адаптированные» для истолкования заголовка статьи, строки В. И. Ленина. Последнего сейчас редко упоминают, как бы искупая этим наше прежнее благоговение перед каждым, вышедшим из-под его пера словом. Цитирование высказанного или написанного им считается ныне дурным тоном, моветоном, как выразился бы знакомый с французским языком Ильич. Но аналитиком «вождь мирового пролетариата» был всё же выдающимся…

***

О просто Хмельнике вы можете прочитать в Вікіпедії и в ВикипедиИ, о Хмельнике еврейском (на основе польских материалов, но написанных по-русски) — тут: https://sztetl.org.pl/template/gfx/dzialania/chmielnik.pdf. И очень хорошую подборку данных об этом бывшем штетле, а ныне - курорте республиканского значения представил в ЖЖ известный винницкий краевед, материалы которого отличаются всегда присущей им добротностью: http://posterr.livejournal.com/190258.html.
В Хмельнике проживала семья моего прадеда (глубже - не знаю) с шестью детьми, семья деда, там родилась моя мать и её четыре сестры, а после Холокоста в этом местечке (http://berkovich-zametki.com/Nomer14/Vainer1.htm и

119

http://www.ijc.ru/i_sovt95.html) почти никого из родни не осталось. И уже несколько десятилетий — совсем никого.

Мама (1908 г. рождения) уехала с младшим сыном в Иерусалим летом 1991 г. Я - около года до того - в ФРГ. Посему, когда я приобрёл свой первый компьютер (середина 90-х) и засел за описание нашей родословной (в основном - для шести моих двоюродных братьев и сестёр), я попросил маму осветить мне, в частности, некоторые периоды жизни моих прародителей, её детства и юности. Получил несколько писем, выбрал из них, на мой взгляд, важное, а остальное спрятал в собственный, так сказать, архив.

[В этой статье рассказывается, в основном, о жизни и борьбе, имевших место столетие тому назад. Поэтому я посчитал необходимым привести достаточное количество иллюстраций, для чего прибегнул к поиску их среди моей родни. И обнаружилось немало нового для меня, что поможет, как мне представляется, и читателю легче перенестись в то время. Пришлось даже разбить статью на три части, чтобы уместить в коллажах минимум желаемого из имеющегося в наличии.

На фотографии 1 — моя мама - автор приведенных ниже воспоминаний. Снимок сделан в феврале 1943-го года. Мама ещё была военнослужащей. Работа в госпитале, гибель отца в августе 1942-го года заметно отразились на её лице. А я, не достигший пятилетнего возраста, понимал совсем немного.]

Почти девяностолетняя моя мама, надо признать, неплохо справилась с заданием. Представленные в коллаже страницы сейчас для меня — на вес золота, а тогда я их, бегло прочитав, отложил в архивную папку: какой-то Шепель — кому это интересно? И тут же забыл о нём. Но, как оказалось - не навсегда. И, работая над статьёй о С. Петлюре, вдруг вспомнил, что о гражданской войне на Украине у меня где-то что-то есть. Нашёл быстро. Читайте (не спеша).

«Я написала много лишнего, которое ты не используешь, так ты выбрось.
Если что не ясно, я попытаюсь исправить.
Вспомнила 2 эпизода гражданской войны. Были организованы банды, они врывались в местечки, убивали жителей, грабили — и в Хмельнике решили организовать самооборону.
Город разбили на участки, которые возглавляли самые опытные вояки. Назначали дежурных, которые должны были сигнализировать о наступающих бандитах. Одним участком, который вёл в село Мазуровку, руководил дедушка Меир [её отец, согласно документам — Мееръ Кадишъ — С. В.] и довольно успешно.
Сумел договориться с атаманом Шепелем и погрома не было, не было и грабежей, за исключением одного случая.

[На фото 3 — мои бабушка и дедушка. Снимок сделан 10.07.1905, наверное, вскоре после свадьбы. Бабушка — Сура-

Прива Элевна Кадиш, урождённая Гриншпун (1885-1951), была из Бердичева, дедушка — Меер Аронович Кадиш - коренной хмельничанин, родившийся (к стыду моему, точную дату не знаю) где-то около 1878 (1881 - ?) - го года и умерший в 1948-м году.]

Убили они казённого раввина (была такая должность). Пришли ночью, потребовали какие-то документы и когда он нагнулся, чтобы их найти, они топором отрубили ему голову.
Я была вхожа в их дом (дружила с дочкой) и эту смерть тяжело пережила, помню до сих пор.

Шепель занял в нашем доме 2 комнаты, вызвал из села свою сестру и устроил её в доме Хуны (брата Меира). Захотелось бандитам свежего хлеба, привезли муку и мама [моя бабушка — Н. К.] спекла им хлеб. Хлеб был очень удачный, но с синеватым оттенком. Домашние очень волновались, что их заподозрят, что они что-то добавили в муку, чтоб их отравить. Оказалось, что в мельнице, где мололи муку, поменяли камень — жернова. Камень был новый и давал оттенок муке. Всё окончилось благополучно. Объяснила всё сестра Шепеля. Она к маме хорошо относилась.

Часто на ночь мы уходили к соседям (украинцам) ночевать, боялись нашествия бандитов. Папа (Меир) редко ночевал дома. Бывал на дежурстве.
В эту знаменитую ночь мама с 5 детьми тоже пошла к соседям и

узнаёт, что к ним собираются бандиты пьянствовать. Положение аховое, где можно в крестьянской избе спрятаться? Нас всех погнали на печку. На печке была рассыпана рожь (её подсушивали), печка была горячая. Покрыли рожь рядном и мы улеглись (мама и пять детей). Боялись даже дышать. Внизу за столом ведь пьянствовали бандиты. С трудом дождались утра.»

[На фото 4 — трое старших дочерей бабушки и дедушки, моя мама - в центре. Снимок 1912-го года: первой дочери - около 5, 5 лет, другие - погодки. Обращаю ваше внимание на то, что в начале прошлого века фотографирование было событием. Сделанных случайно фотоснимков почти не было. К фотографу ходили даже не ежегодно — намного реже. Этим объясняется, что на фотографиях все нарядно одеты, тщательно причёсанные, пр. Как теперь — вы знаете сами.]

С того времени прошло ровно сто лет. Никого из описанных лиц давно уже нет в живых. Но меня охватывает ужас от этих строк. И от того, что в них описано. И от того, что, чувствую, у меня разрываются мозги: я уже напрочь потерял ориентировки, мои мысли мечутся от одного полюса к другому. Стрелка ни в каком месте не замирает, продолжая колебаться… Почему? И это постараюсь объяснить.

Но до этого — ещё отрывки из маминых воспоминаний [фото 5 - 6]. Вот другое место, в котором снова описывается ситуация того времени. Мама пишет, в принципе, о том же самом, примечая, что забыла, или об этом сообщала в предыдущем письме (маме как раз исполнилось 89 лет). И всё же мне это сейчас важно для уверенности в том, что её воспоминания - не затуманенные временем представления, меняющиеся день ото дня, а всё-таки - картины, близкие к давней реальности.

А повторилась мама в ответ на присланную ей мною статью, о которой сейчас пойдёт речь. Дело в том, что первое её воспоминание о времени гражданской войны я получил до полёта в США (1997), а второе — после. В Сан-Франциско же я набрёл с помощью моего одноклассника - хмельничанина по происхождению - на статью о Хмельнике, напечатанную в газете «Yevreiski mir» от 28 марта 1997, №51 (253) эмигрантом из СССР Самуилом Гилем [фото 2]. О последнем я знаю мало: тоже - бывший хмельничанин, в США публиковался в русско-язычных изданиях, написал книгу о Холокосте в Хмельнике. Последние лет десять в интернете ссылок на его новые работы не найти. Указанная газета же издаётся до сих пор в Бруклине - районе Нью-Йорка и представлена в интернете.

Могу ещё добавить, что спешил я в Сан-Франциско, так как умирала мать моего одноклассника, которую я знал с 1946-го года, а моя мать — где-то с 1920-го года, когда они оказались соседями. Немного не успел, самая давняя и самая близкая подруга моей матери умерла за несколько часов до моего прилёта. Но на похоронах, поминках я, представляя всю нашу семью, присутствовал. Я ещё замолвлю слово о начале этой дружбы, длиной в три четверти столетия, ниже. А пока - читаем статью С. Гиля.

«В годы гражданской войны в Хмельнике активно действовала еврейская самооборона, которой руководил сын Хмельникского раввина реб Исройла Шмилык или Самуил. Был он лучшим учеником у превосходного меламеда и учёного реб Ушера. В 1914 году Шмилык организовал сионистскую организацию «Цеирей Цион». Все хмельничане видели в нём своего будущего раввина. Но после того, как банда Шепеля 1 мая 1919 года устроила в местечке восьмидневный погром, Шмилык заявил отцу, что раввином не будет, а организует еврейскую самооборону. Вскоре он обратился за материальной помощью к евреям города и симпатизировавшим им семье русского врача Дмитрия Донского, чей сын, также Дмитрий, был членом ЦК партии эсеров, расстрелянным ЧК за участие в заговоре против Ленина. На собранные деньги были закуплены винтовки и пулемёты, и вскоре 1 200 членов еврейской самообороны, объединённые в семь рот, стали грозной силой для многочисленных банд Шепеля, Волынца, Соколовского, Маруси и других. После их неоднократных нападений на Хмельник, кончившихся тяжёлыми поражениями, Тютюник, деятель штаба Петлюры, решил общим ударом сломить сопротивление самообороны. Вдобавок к бандитам Тютюник мобилизовал всех мужчин девятнадцати соседних сёл. Он настолько был уверен в победе, что в ультиматуме на имя командира дружины самообороны указал точный срок своего наступления на местечко и угрожал полным уничтожением всех его жителей, если еврейские бойцы не сложат оружие. Замысел Тютюника состоял в том, чтобы нанести главный удар там, где его ждать не будут, - через небольшую дощатую кладку шириной 40 сантиметров, а не через центральный мост.

И здесь Шмилык показал себя прекрасным стратегом. Разгадав замысел Тютюника, он расположил в укрытии недалеко от кладки часть бойцов дружины, и когда бандитские группы начали переходить реку, на врага обрушился шквал огня. Разгром петлюровцев был полный. Особую храбрость показал Меир Мадьяр и его подразделение, состоявшее из братьев Хармац (владельцев мыловаренного завода) и их сыновей — всего 9 человек. 16-летний Шолом Гиль, заменив больного брата, не уступал им в отваге. Дружина не потеряла ни одного бойца, победа была сокрушительной и попыток войти в Хмельник не делала ни одна банда, вплоть до установления советской власти. Эти хмельничане спасли не только самих себя, но и евреев ближайших местечек (Старая Синява, Уланов), временно укрывшихся в Хмельнике.»

В статье есть ещё некоторые малоизвестные факты, но мы ограничимся периодом гражданской войны. И возвратимся к воспоминаниям моей матери.

«Мама [её — С. В.] с 5 детьми возрастом от 12 до 5 лет

пряталась в дом. погребе от обстрелов. Огород во дворе был огорожен от соседей высоким забором. Вдруг мы слышим, что шашками рубят огорожу и папин голос требует воды. Не знаю, для чего пулемёту при стрельбе была нужна вода? Но воду мама дала из запасов и спасла положение. Это я запомнила. Наступление бандитов было со стороны села Мазуровки и евреи их одолели, т. е. с нашей стороны был вроде заключён мир. Шепель (главарь банды) для себя и родных выбрал наших 2 дома для проживания. Нас они не трогали. Мама для них пекла хлеб.

В городке Хмельник было относительно тихо, убивали они только целеустремлённо. [Говоря по-иному, это был не погром - массовые спонтанные насильственные действия, а целенаправленные убийства и грабёж имущества выбранных бандитами лиц — С. В.]. Был в Хмельнике казённый раввин (фамилия вроде Перельмутер), очень уважаемый человек. Бандиты ворвались к нему в квартиру, потребовали деньги, ценности. Он пошёл к буфету, нагнулся, чтобы взять шкатулку и они ему сразу отсекли голову. Я это запомнила со слов дочери (моей подруги).

У нашей соседки (укр.) Наталки тоже жили бандиты и они сказали ей, что ночью будет резня. Она пригласила нас спрятаться у неё (маму и пятеро детей) на печке, где сушилась рожь. Ночью они пришли пьяные, шумели, а мы дети дышать боялись, чтоб себя не выдать.

Вспомнила ещё, что папу схватили 2 бандита и сказали, что это он — Троцкий, они его узнали, так как его видели в Харькове, где он выступал. Папу спасли соседи (укр.), заверив их, что они ошиблись.

Из листка о погроме, что тебе подарили, ничего не извлекла. Никого не знала и не помню.
Решила написать, а если повторяюсь, выброси.» (18.06.1997).

Что обращает на себя внимание при сопоставлении воспоминаний двух хмельничан, написанных в один и тот же год и о тех же самых событиях далёкого прошлого. Правда, мама была очевидцем (хоть и в подростковом возрасте), С. Гиль - по моим представлениям - написал по рассказам членов его семьи. Я это сужу и по упоминанию им однофамильца (скорее всего, близкого родственника), и по советской лексике изложения. То есть, С. Гиль был моложе мамы, сам происходящего в годы Гражданской войны не видел, но зато - и это заметно - пользовался какими-то справочными материалами.

Обращаю ваше внимание, что в рассказе моей матери отсутствует слово «петлюровцы», а С. Гиль использует его лишь один раз, говоря о «бандитах» (это определение — практически единственное, часто повторяемое у обоих) под командованием Тютюника, обозначенного деятелем штаба Петлюры.
О нём и о Шепеле ещё пойдёт речь после того, как я завершу

128

соотношение воспоминаний.

Начнём с «восьмидневного погрома», устроенного бандой Шепеля и начавшегося 1 мая 1919-го года. Полагаю, что как погром С. Гиль расценил временный захват бандой Шепеля Хмельника, «целеустремлённые» (по определению моей мамы) грабежи и убийства, а «восьмидневный» - по времени расквартирования шепелевцев в местечке. Банда постоянно перемещалась, грабя, убивая и скрываясь от противников.

К сообщению мамы: (Отец) «Сумел договориться с атаманом Шепелем и погрома не было, не было и грабежей, за исключением одного случая.» - относиться надо с оговорками. Она не могла знать, что это «сумел договориться» означает, скорее всего, «сумел откупиться», как мы не можем знать, чем именно «откупиться» (деньгами, золотом, продовольствием?). Шепель мог пойти на это, учитывая еврейские силы самообороны и желая обеспечить своим бойцам спокойный постой.

Ещё одна деталь: 2 мая — день рождения мамы. Конечно, было не до празднований, но совсем не отметить хоть чем-то этот день бабушка, какой она мне запомнилась, не могла. Был бы в этот день погром: не запечатлеться в памяти мамы сие столкновение радостного и трагического — вряд ли…
То же, что касается предупреждения бандитов о резне: была бы — запомнилась бы маме, потому что такое остаётся

пожизненным рубцом в мозгу.

С другой стороны, Хмельник хотя и был по числу жителей невелик, но широко разбросан по берегам Южного Буга — и 11-летняя девочка, пересиживая в погребе обстрелы, не могла знать, что' творилось даже совсем рядом с их домом. Телефона не было, а ходить по улицам и сообщать о последних событиях - во время пребывания банды в местечке - мало кто решался.

Ещё один психологический нюанс. Мама, например, пишет, что сестра Шепеля к её маме «хорошо относилась». Напомню: Шепели насильно вселились, заставили их обслуживать, но не грабили и не убивали (?), «за исключением» случая с казённым раввином. Повторяю, можно допустить, что наличие самообороны сдерживало Шепеля в Хмельнике, но не в окру'ге: сужу по тому, что в Хмельнике находились евреи из других мест, ищущие спасения от бандитов.

Фактически все члены семьи моих дедушки и бабушки были заложниками банды Шепеля.
И тут надо вспомнить так называемый «Стокгольмский синдром» (кто заинтересуется этим поглубже — см. хотя бы тут: http://psyfactor.org/lib/pochebut2.htm), когда «заложники начинают симпатизировать захватчикам». Вспомните, как захваченные девушки-зрители в театре на Дубровке охотно фотографировались с чеченскими террористами, словно с героями. Как горячо обнимались, целовались, расставаясь с

пиратами-захватчиками там и тут пленённые в океане где-нибудь у берегов Латинской Америки или Африки и через многие месяцы выкупленные правительствами их стран самонадеянные горе-яхтсменки и яхтсмены.

***

В воспоминаниях, которые я цитирую, мама также поведала мне о том, как до рокового 1917-го аранжировались еврейские свадьбы. Оставлю всё прочее без внимания, а остановлюсь только на покупках приданного, подарков перед свадьбой дедушкиной сестры, то есть, маминой тёти. И — на дальнейшем, характеризующим то время повальных грабежей.

«Готовились к свадьбе долго. Портниха шила наряды почти месяц не только невесте, но и родственникам. Ездили за нарядами в Варшаву. [Там купили и кровати молодожёнам — моим бабушке и дедушке (об этом рассказывала маме бабушка).] Купили тогда же енотовую шубу отцу, несколько шикарных платьев, шёлковый халат для мамы. Это всё, из того, что я запомнила, хранилось у нас.

После Окт. Рев. началось раскулачивание. Запомнила обыск. Маме пригрозили и она рассказала, где хранились деньги (сбережения). Они были закопаны в сарае. Шёлковым халатом из Варшавы покрыли лошадь, на которой приехали с обыском. Забрали бельё и т. п. Мы остались нищими.

Не знаю, как удалось сохранить шубу. Её продали и купили постельное бельё (вместо забранного) и многое другое.

Потом отец поступил на работу на железнодорожную станцию экспедитором и мы уже не нуждались.

У нас был в запасе мешок соли (мама заготовила для ванн, ими она лечила свою подагру). Соль очень ценилась и она раздавала её бедным. Кроме этого из запасов муки она пекла хлеб и тоже раздавала. Царил голод.»

Для чего я привёл сей отрывок из воспоминаний моей матери? Первое: показать, что даже те, кто не считались богачами (в метрике матери написано «Отец — Яновский мещанин» (Янов находился в Литинском уезде, Подольской губернии; это - нынешний Іванів, село в Калиновском районе Винницкой области, железно-дорожная станция Холоновск; там решали, по словам мамы, «кто дворянин и кто мещанин»), мог себе позволить такие расходы.

[Мещанство — низший разряд городских обывателей. Мещане относились к податным сословиям, несли рекрутскую и податную повинность, могли подвергаться телесным наказаниям — ВикипедиЯ. Мещане были ограничены и в праве передвижения, а покупки аж в «заграничной» Варшаве объясняются тем, что целое столетие (1815-1915) этот город был столицей царства Польского, но во владении Российской империи.

Высшее сословие — купцы трёх - первой, второй и третьей - гильдий.

В Хмельнике мещан - евреев в 1897 г. было 2 073, а купцов-евреев (все - низшей, 3-й гильдии) — 79. Таким купцам, по закону, разрешалось вести исключительно мелочную торговлю.

По первой всеобщей переписи 1897 г. в Хмельнике из 11 657 человек общего населения было 5 977 евреев (51,3%).

Подробнее, если надо, статистика занятий еврейского населения дана тут: Еврейская энциклопедия Брокгауза и Ефрона (1908-1913) в 16-ти томах (https://ru.wikisource.org/wiki/ - см. там «Подольская губерния»).]

Мой прадед занимался закупкой сельскохозяйственной продукции (зерна, картофеля, кукурузы, лука, пр.) у помещиков, придавал ей товарный вид — и продавал далее. Был тем, что называлось ранее «заготовитель», а сейчас на новомодном, неизвестно каком языке — дистрибьютор. Был состоятельным человеком, построил даже синагогу, в которую ходил молиться, по словам матери, ежедневно. Я бывал в ней в 1946-1947-м году: по виду — маленький деревянный сельский клуб. Хмельничанам, возможно, будет интересно узнать, что эта синагога находилась на противоположной - от тогда единственной аптеки - стороне центральной улицы, несколько ниже в сторону моста.

«По классификации» моей мамы, её дед «богачом» не являлся. Богачами, в понимании хмельничан, были семьи Богомольных,

Гершенгорных, прочие. У тех были большие собственные дома, фамильные драгоценности, пара лошадей с дрожками, красивые наряды, они появлялись на людях всегда добротно одетыми — так мне объясняла мама отличительные черты богачей.

Дед, судя по неплохо внешне выглядевшему свежевыбеленному дому, был тоже не из бедных.

Но обстановка внутри дома, для меня, в общем-то, жившего не в хоромах, а в коммуналке, всё же была удручающая. Конечно, я попал в этот дом после окончания не 1-й, а 2-й мировой войны, но ведь за этот период комнатушки и окна не уменьшились, проветривание помещений не ухудшилось, и так далее. Единственное: «лишних» денег при царизме, вероятно, у деда было больше. Свободное предпринимательство (предполагаю, в «фирме» его отца) приносило больший доход мещанину, чем служба на молокозаводе «свободному гражданину первого в мире рабоче-крестьянского государства». Свободному? А пустили бы его в Варшаву? Даже его внук-профессор смог проехать через Варшаву по пути в Берлин только через 40 лет после смерти деда! Действительно, всё познаётся в сравнении...

Второе: изложенное выше иллюстрирует, прежде всего, грабительские, а не идейные цели не только самозваных атаманов (которых теперь - всех, без исключения! - возвышенно именуют «антибольшевистскими повстанцами» - см. ниже), но и тех, кто открыто - под красным знаменем - похищал чужое имущество.

Пришло время подробнее рассказать о домах, которые избрал Шепель для своего и его родни временного проживания [фото 1-3]. О прямо-таки «Временном дворце Шепелей» в Хмельнике. Они сохранились, немного изменились из-за аляповатых пристроек со всех сторон, обветшали, «осовременены» (новыми оконными рамами). Но ещё хорошо узнаваемы. И один из них ждёт - не дождётся мемориальной доски на нём. Как-никак, а тут несколько дней проживал сам убийца Е. Эдельштейна! И рядом - родная сестра отчаянного атамана. Почему-то до сих пор памятную доску не привинтили? В Литине вот «свободівці» постарались, а в Хмельнике всё не решаются… Или, по всей вероятности, не знали, где отдыхал атаман «антибольшевистских повстанцев» после трудов неправедных — грабежей и отрубания голов у раввинов -"большевиков". Теперь знают — дело за малым.

В коллаже представлены эти два дома, соединённые аркой — снимки сделаны мною в октябре 2000-го [фото 1 - смонтировано из двух частей] и в июле 2010-го года [фото 2 и 3]. Дом находится на современной улице Летописной (бывшей - Червоного казачества). О Красном казачестве ещё будет ниже, а Летописная — тут всё ясно: названа в честь как вот этих летописных материалов, так и других моих публикаций с упоминанием семьи Кадишей — родни моей матери. Пересекая главную городскую магистраль, Летописная улица переходит в улицу, названную в Хмельнике (где когда-то бывший винницкий голова - робкий «переименовальщик» - руководил водогоном) г р а м о т н о — улицей С о б о р н о с т и (не по-винницки, малограмотно, о чём я писал - http://www.proza.ru/2015/04/25/1733). Постеснялись что-ли в исполкоме «Временной столицы УНР» проконсультироваться в дюжину раз меньшем районном центре (с «Временным дворцом Шепелей»)? Впрочем, стоило ли, вообще, переименовывать Республиканскую улицу: разве Украина — не парламентско-президентская р е с п у б л и к а?

Номеров домов я не знаю, но, не исключено, что - №1 и №3, так как расположенный напротив Хмельницкий завод сухого обезжиренного молока «Молочный визит» имеет адрес №2 (https://152667-ua.all.biz/). На этом, тогда просто «Молокозаводе», трудился после войны мой дед. Но мы — об исторических домах, с которых начинается Летописная...
Оба дома были построены на тогдашнем краю города более сотни лет тому назад: тот, что справа, если стоять лицом к домам, был домом моего прадеда Арона Кадиша, а слева — его сына, моего родного деда. Когда прадед умер, его дом явочным порядком занял другой сын Арона — Хуна. Уточняю ещё раз, чтобы не перепутали с мемориальной доской: сам атаман Шепель жил в доме моего деда, а его сестра — в доме брата деда.

Далее — интересная история, касающаяся дома, построенного прадедом. Если дед прожил в этом доме, исключая годы эвакуации, до своей смерти в 1948-м году (в 1946 и 1947 годах я проводил там свои октябрёнские летние каникулы), то прадедов дом, перешедший его сыну, быстро перестал был фамильным пристанищем. Хуна с женой (из семьи очень бедных евреев местечка) где-то в период заварухи гражданской войны уехали в

Палестину (виновата, по всей видимости, была сионистская организация «Цеирей Цион» - см. выше) и дом переписали на третьего сына — Хаима (было у прадеда ещё три дочери). Но бессемейный Хаим [фото - 4, от 16.03.1926 г.], как только Хмельник впервые заняли «красные», умчался с ними — и в момент отъезда Хуны с женой был уже в Юрьеве или Воронеже (см. ниже). Дом ему не нужен был — и он широким жестом подарил его Советскому государству, навсегда разорвав пуповину, связывавшую Хаима с родными местами.

Как раз в это время Красная Армия нуждалась в казармах, их начали строить под Хмельником, в соседней Угриновке. Оттуда выселили гражданское население - и семья матери моего одноклассника (см. выше о Сан-Франциско) получила жильё в части дома Арона-Хуны-Хаима Кадишей. Вот тогда и началась дружба, о которой я писал выше, длившаяся три четверти века — наших матерей. Кстати, девичья фамилия матери моего одноклассника была Харитон. И в Хмельнике она считалась дальней родственницей знаменитого академика Ю. Б. Харитона (1904-1996) — одного из создателей советских атомной и водородной бомб, лауреата трёх Сталинских и Ленинской премий, трижды Героя Соцтруда, депутата Верховного Совета СССР многих созывов… А сам Ю. Б. Харитон — будто бы из евреев Уланова, хотя и родился в Санкт-Петербурге. Легенда это или быль — надо было бы выяснить у краеведов из Уланова. Сделаем это в другой раз: у нас ещё столько неясностей с Хмельником!..

[Что было в доме дедушки и в бывшем доме Хаима в период оккупации Хмельника — не ясно. В «Моей Виннице» я рассказал, что обследуя чердак дедушкиного дома, обнаружил там немецкий сейф. Дед сбросил тяжеленный металлический ящик на землю, ломом разворотил его. Сейф оказался пуст, если не считать завалявшейся в нём немецкой печати. Я её, конечно, конфисковал, пропечатал ею все мои учебники и тетради, а также — некоторых школьных друзей. Получил взбучку (антисоветчина!), печать пришлось отдать учительнице. А какого учреждения была печать — не знал я тогда, не знаю и сейчас: в 1946-м я немецким языком ещё не владел.

Если дом деда был облюбован не только атаманом, но и каким-то учреждением гитлеровцев, значит он хотя бы своим внешним видом выделялся в «одноэтажном Хмельнике».]

Молодой Хаим, как уже было сказано, уже где-то в 1918-м году очутился не в какой-нибудь «Постоянной еврейской столице» - Бердичеве, а в Юрьеве (Дерпте, Тарту) — поистине европейском городе с тогда уже 900-летней историей. Со знаменитым, европейского масштаба университетом, где Хаим, однако, не учился, а служил в должности заведующего хозяйством. Сейчас в университетах — проректоры по административно-хозяйственной работе, а тогда — просто завхозы. Но, наверное — не с намного меньшими полномочиями, что следует из дальнейших деяний Хаима Кадиша.

Вы, надеюсь, при посещении музея Н. И. Пирогова в слившейся теперь с Винницей бывшей деревне Вишне (потом - Пирогово) слышали , что великий военно-полевой хирург и педагог усовершенствовал свои знания и уменье в 1826-1833 годах как раз в Дерптском, тогда ещё немецком университете.

Университет был старинным (с 1632-го года, а Московский, сравните — с 1755-го) и только в 1894-м году русифицирован. Можно себе представить, насколько богатой была университетская библиотека, какое множество уникальных фолиантов в ней было! Чего стоил лишь один архив рисунков анатомических срезов, выполненных Н. И. Пироговым! Уверен, что Хаим не очень-то чётко понимал это, но он пристал к большевистскому лагерю. А там метод «раскулачивания» был распространён не только на зажиточных крестьян, но и на всех, коих можно было запугать и «законно» обчистить, а также - на всё, что плохо лежит.

Наверно, Хаиму подсказали, что в Юрьеве «плохо лежала» как раз бесценная библиотека. И помогли отобрать из неё самое уникальное. Остальное не лишённый наследственной хватки и упорства Хаим организовал сам. Предпринял, устроил, осуществил — «Почему» и «Что'»?

Да потому, что в феврале 1918-го года была провозглашена Эстонская Республика (в СССР её упрямо именовали «буржуазной Эстонией»). И русифицированному университету надо было перебираться в Россию. Но - не без библиотеки же!

Да ещё такой!

И Хаим поднял по тревоге студентов, с их помощью погрузил отобранные книги в товарные вагоны, загнал вагоны в тупик — и вагоны с книгами «пропали». Нашлись вагоны с книгами почему-то только уже в Воронеже, куда было решено перевести Юрьевский университет. И книги, выкраденные большевиками, легли в фундамент библиотеки нового университета на реке Воронеж (притоке Дона). Они и были тем «Что'».
К похищенным изданиям добавились книги из личных библиотек профессуры, переехавшей вместе с университетом (мама рассказывала, что лекции бывшие юрьевцы начинали словами «Господа студенты!», хотя университет носил имя Ленинского комсомола).

Гитлеровцы владели правобережной частью Воронежа недолго: с начала июня 1942-го по конец января 1943-го года. В этой, центральной части города как раз располагался университет с библиотекой. И самые ценные книги они, в свою очередь, успели всё же отобрать и вывезти. Только часть этих книг возвратилась за многие десятилетия обратно в Воронеж (книги, не принадлежавшие университету в Эстонии), другая часть обрела покой на книжных полках в Тарту, а очень многие книги остались разбросанными по библиотекам ФРГ. Встречал в интернете переписку руководителей библиотек Воронежа, (теперь) Тарту и, помню, Бремена, где оказались книги, вывезенные из тогдашнего Юрьева в Воронеж, а потом «репатриированные» в Германию.

И опять я привожу факты по двум соображениям. Во-первых, чтобы показать, как своевольничали не только «повстанцы», но и «красные» в период Гражданской войны. И, во-вторых, чтобы хоть немного прояснить то, что закрыто тёмной завесой ещё с советских времён. И что, из-за стыда за прошлое, до конца не раскрывается до сих пор.

Почитайте, как эта история представлена на сайте библиотеки Воронежского университета:
«В 1918 году в основу фонда библиотеки легли редкие книги, бытовавшие на территории края с XVIII в., ранее принадлежавшие крупнейшим библиотекам города Воронежа. К началу Великой Отечественной войны библиотека имела около 800 тысяч экземпляров печатных и рукописных изданий. Молодая университетская библиотека была обладателем редких изданий, ее фонд по своему составу представлял большую ценность.
Годы войны - трагические страницы истории библиотеки. В период временной оккупации г. Воронежа по распоряжению фашистского командования наиболее ценные книги были отправлены в Германию и Эстонию.» (https://lib.vsu.ru/?p=1&t=2).
Там же, правда, есть возможность ознакомиться с историей библиотеки п о д р о б н е е
(https://lib.vsu.ru/documents/pages_of_history.pdf). Читаем:

«Значительное влияние на судьбу Библиотеки оказали книжные фонды библиотеки Русского Императорского Юрьевского (Тартуского университета), основанного в 1802 г. по решению императора Александра I и эвакуированного в Россию в 1918 г. с приходом войск Кайзеровской Германии в Эстонию. В 1920 г. с согласия представителей Тартуского университета для библиотеки Воронежского университета были приобретены ценные экземпляры, принадлежавшие ранее Юрьевскому университету.»

Вы что-то поняли из этой цитаты? Я — нет, так что решайте сами, в каком изложении — правда. Получается, во-первых,что изъятие книг из Юрьева было признано Воронежем незаконным, раз пото'м за эти книги было уплачено Юрьевскому университету. Во-вторых, что Юрьев (вернее, уже Тарту) легко согласился на «приобретение» Воронежем украденных у него книг. Какой дурак, пардон, в это поверит, тем более, у Воронежского университета в 1920 г., представляется, не было денег ни на что, включая книги. А о переписке между Воронежем, Тарту и Бременом в относительно недавнее время — вообще, ни слова.

А сообщить надо было следующее. В 1915 году, когда фронт приближался к середине Видземе [историческая область в Латвии — Н. К.], библиотека и коллекции из Юрьевского университета (тогда — российского) были эвакуированы в Воронеж, а потом, по условиям российско-эстонского мирного договора 1920 года, вернулись в Тарту. Новая эвакуация – в Воронеж – производилась двумя поездами 17 июля и 31 августа 1918 г. (Воронежский университет основан в мае 1918-го года). Возникает законный вопрос: на каком же основании проводилась эта «новая эвакуация»?! Нет на него ответа…

Историю с книгами Юрьевской университетской библиотеки рассказала мне мама давно и, признаюсь, с некоторой гордостью за отвагу и предприимчивость своего дяди. Ей можно простить отсутствие нравственной оценки ограбления, исполненного Хаимом в лучших гангстерско-советских традициях. Ведь Хаим (я писал об этом в «Моей Виннице») выучил - высшее образование! - в Воронеже всех пятерых дочерей своего брата (маму, в частности, заставив бросить Киевскую агрошколу, в которой она уже было начала занятия). Собственных детей у Хаима не было — и он о маме и её четырёх сёстрах заботился, как о своих дочерях.

Я даже собирался написать большую статью (возможно, книгу) об этом моём двоюродном дедушке. Раздобыл сведения о его могиле на Воронежском еврейском кладбище. Воронежское еврейское кладбище (http://evreymemory.com/evreymemory/) - место, где похоронен Хаим Аронович Кадиш, отображает простой памятник на его могиле [фото - 5] с инициалами имени и отчества, фамилией и датами жизни и смерти. Правда, там в подписи приводятся ошибочные данные о времени рождения и об инициале (начальной букве) имени бывшего сотрудника

Воронежского университета: С. А Кадиш. Если с буквой «С» вместо «Х» можно смириться (моя мама тоже изменила - «русифицировала» - своё еврейское имя, о чём я уже писал: http://www.proza.ru/2017/02/17/755; как переиначил своё имя Хаим - мне не известно), то указание даты рождения в подписи к фотографии «Сентябрь 12, 1899» вызывает возражение, так как название фото памятника - «Kadish_CA (1892_01_08_1956)» - свидетельствует о 1892-м годе рождения, что более вероятно, если глянуть на фотографии Хаима Кадиша 1926 -го [фото 4] и 1928-го (см. ниже) годов. Там на 27 - и 29-летнего он явно не похож. Увеличил фотографию — 1892-й год подтвердился [фото 6].

Написал в университетскую библиотеку и в архив. И нашёл прямого потомка сестры Хаима, нынешнего профессора Воронежского университета (несколько младшего меня). Университетский архив, мне ответили, в войну полностью сгорел. Среди сотрудников библиотеки уже нет никого, кто бы мог знать Хаима. Правда, только недавно ушла на пенсию заведующая библиотекой, проработавшая на этом посту много десятилетий. Мой родственник, которого я также, как и Хаима, не знал, но о котором я прежде даже и не ведал, обрадовал меня сообщением о хорошем знакомстве с пенсионеркой-библиотекаршей (и его жизнь связана многие годы с университетом). Но … у него нет для таких дел ни минуты свободного времени. А ведь я ему объяснил, что без Хаима родители его, наверное, разливали бы где-то пиво в ларьке, и так далее. Словом, в семье не без … неблагодарных потомков. Так что в Воронеж, где я по пути в Сибирь, в 1941-м году лежал с дифтерией в больнице — и меня при авиационных бомбёжках сносили в подвал - импровизированное бомбоубежище (эти моменты помню!), мне ехать не было смысла.

Не исключено, что сии заметки станут импульсом для кого-нибудь, решившего разобраться с историей библиотеки Воронежского ордена Ленина государственного университета имени Ленинского комсомола, как он ещё относительно недавно именовался. Так что надежды в пользе этой публикации не теряю: потеряно не всё.

А вот о том, что не было на «Временном дворце Шепелей» (опочивальнях Шепеля и его сестры) таблички о советском Робин Гуде — Хаиме Кадише, сожалею. За 70 советских лет вспомнить о нём и достойно помянуть его не додумались, а теперь, во время, как говорится, переоценки ценностей, и надеяться на это не приходится. И снимать со стены дома Кадишей нечего, и место для доски с упоминанием Шепеля специально надо готовить: выравнивать, сверлить дыры для крепёжных болтов… Столько лишней работы — жаль!

И столетие «раскулачивания» библиотеки Юрьевского университета не будет в Хмельнике в июле-августе сего года должным образом отмечаться. Может быть, лишь в районной библиотеке посетуют за чаем с юбилейным тортом, что не «отстегнул» Хаим для родного местечка хотя бы пару ящиков с книгами. Припрятали бы в годы оккупации от захватчиков, а теперь гордились бы этим достоянием. Мечты, мечты…

***

Атаманов и бойцов их отрядов времён Гражданской войны сейчас принято называть не «бандитами» (как во время той войны и в советское время), а «повстанцами». Кто же они такие — эти повстанцы? [Не путать с Украинской повстанческой армией — вооружённым крылом ОУН(б) — Организации украинских националистов (бандеровского движения) 1942-1953-х годов.]

Слово «повстанец» имеет несколько сходных значений. Это — участник восстания (мятежа), партизанского движения, народных вооружённых сил, вооружённого сопротивления государственной власти … Для ясности сейчас нередко добавляют «антибольшевистский повстанец». Тогда спросим: «Когда и где установилась на Украине большевистская (советская) власть?»

Кстати, посмотрите в интернете статью Н. И. Супруненко «Установление советской власти на Украине» (журнал «Вопросы истории», 1957, №10, стр. 49-70) и сравните её с любой публикацией последних лет на эту же тему. И вы обнаружите почти перевёрнутое изображение. Не выровненное, а тоже искривлённое, но - в противоположном направлении. Посмотрите на пёстрые карты Украины 1918-1919 годов, где очажки атаманской и советской власти меняются, как в калейдоскопе — и вы убедитесь, что в этом хаосе определить, кто герой (по мнению советских или нынешних историков), а кто - просто бандит, кто хитрый тактик, а кто - предатель, и тому подобное — непросто, очень трудно - до невозможного. Прежде всего, потому, что «антибольшевистские повстанцы» грабили там, где большевиков ещё не было или их на время оттуда вытеснили, и убивали тех (в том числе, набожных иудеев), кому партбилет был нужен даже меньше, чем, как острили те же евреи, «зайцу боковой карман».

***

Герои и «герои» Гражданской войны. Сколько их было на самом деле — не знает, вероятно, никто.
Вот публикация 1968-го года — 36 портретов (обратите внимание на годы смерти очень многих из них - жертв сталинского террора) - http://nasledie-sluck.by/ru/exhibits/3757/4424/ .
В книге В. Севастьянова и В. Ладухина (1963) описаны шестнадцать Героев Гражданской войны (http://www.rulit.me/tag/biography-memoirs/geroi-grazhdanskoj).
Но все они - «красные» Герои Гражданской войны. А тут - http://russian7.ru/post/15-glavnykh-geroev-beloy-armii/ - главные

148

герои Белого движения.

На этом форуме (http://phorum.bratishka.ru/viewtopic.php?p=190343) уже «смешались в кучу кони, люди»: «красные» и «белые». Современные школьники объединили под общим названием «Герои гражданской войны» Героев Красной и Белой армий — https://sites.google.com/site/geroigrazdanskojvojny/. Можно себе представить, какая сшибка произошла в головах этих подростков!

Таких примеров — не счесть, их столько — сколько «кочек зрения» (выражение М. Горького, 1933).

***

Аналогичная картина с «антибольшевистскими повстанцами» на Украине.

В украинской Вікіпедії на странице "Повстанські отамани" только повстанцев Холодного Яра перечислено ни много ни мало — 105. И все они — атаманы! Когда читаешь их биографии — глаза и мысли разбегаются: на чьей стороне, за что' и против кого они сражались? С кем координировали свои действия? С кем и с какой целью объединялись (случалось — и с анархистами, и с деникинцами, и с большевиками)? Что они не поделили с теми атаманами, с которыми вели атаманско - атаманские бои? На какой территории они «атаманствовали»: только ли в своей «атамании» (так называли территории, где все подчинялись только одному из атаманов) или также там, куда их, к примеру, направляло командование армии Директории

УНР?

И это всё — на небольшой территории двух районов Черкасской области! Там даже была «Холодноярська Республіка (1919–1922) — самопроголошене державне утворення на землях Української Народної Республіки (УНР), у Чигиринському повіті Київської губернії (нині Чигиринському районі Черкаської області), в районі лісового урочища Холодний Яр, зі столицею в селі Мельники.»

Ограничимся всё же Литинским уездом, на землях которого находился Хмельник с рядом расположенными сёлами. Здесь главным действующим лицом был Яков Шепель (1894-1921). Вікіпедія: https://uk.wikipedia.org/wiki/Шепель_Яків_Матвійович

Александр Дмитрук, написавший роман «Отаман Яків Шепель», рассказывая о герое своего произведения, представляет его не только мужественным солдатом и талантливым военачальником, но и как - в целом - безукоризненной личностью. Я. Шепель начинал свою борьбу в рамках самообороны села, а потом под его контролем оказалась территория, равная нынешним 12 районам. Он никогда не проводил карательные операции. И если бы не стратегическая ошибка Петлюры, взявшего в союзники Польшу, атаманы, среди которых Шепель был одним из выдающихся, отстояли бы независимую Украину.
И всё это — в противовес «наибольшему палачу Подолья» — Эдельштейну и расстрелявшему в Виннице около 8 000 человек

Квятеку (https://ukurier.gov.ua/uk/articles/oleksandr-dmitruk) . Книгу мне тут не достать, как и другую литературу об упоминаемых исторических персонажах, так что я был вынужден обратиться к интернетовским источникам.

Почему-то у к р а и н с к а я ВікіпедіЯ в статье «Казимир Францевич Квятек (Ян Карлович Вітковський: листопад 1888, Варшава - розстріляний 25 серпня 1938, Москва)» ни словом не упоминает о его конкретных злодеяниях, в частности, о расстреле около 8 000 винничан. И в русской Википедии нет об этом ничего.

В статье «Євген Пилипович Едельштейн (рос. Евгений Филиппович Эдельштейн, псевдонім: «товариш Філіппов», нар. 1897, м. Тельше, сучасна Литва — пом. 23 травня 1919, Вінниця, УСРР)» о председателе Винницкого исполкома (январь-февраль 1918-го года) как о палаче речи нет. Во втором винницком периоде Эдельштейна (март - май 1919-го года), возглавлявшего тогда Губернский Ревтрибунал, он обвиняется как один из руководителей (вместе с ЧК) красного террора. Приводятся примеры так называемых резонансных расстрелов, но о массовых убийствах «классовых врагов», «контрреволюционеров» не говорится. А внимания русскоязычной Википедии «наибольший палач Подолья» совсем не удостоился.

Но вернёмся к Я. Шепелю. К странице в интернете - ответвлению страницы клуба «Шепели», на которой выступают обладатели фамилии «Шепель» (https://vk.com/club100984) . Там я нашёл дополнительный материал об Я. Шепеле.

Но сперва — интересный факт: по опросам участников этой страницы, фамилия «Шепель» была не только у украинцев (около половины ответивших на вопрос), но и у русских, немцев, евреев, прочих. Без намёка, но всё же: изучал ли кто-то генеалогию Якова Шепеля, о котором мы ведём речь? Ведь он был не из батраков, а из весьма зажиточной семьи. Об этом умалчивает украинская ВікіпедіЯ, но сообщает А. Дмитрук. Согласно этому автору книги об атамане Я. Шепеле, последний закончил в Литине гимназию, затем три года проучился на юридическом факультете Одесского университета. Оставил университет, согласился идти добровольцем на 1-ю мировою войну, окончил Оренбургскую школу прапорщиков. Доблестно воевал, по ранению был демобилизован. Преподавал в Литинской гимназии историю, славистику и французский язык. И лишь потом стал повстанцем, атаманом…

Честно говоря, расхождение утверждений А. Дмитрука с данными Вікіпедії меня, мало сказать, очень смущает. В последней утверждается, что Яків Шепель "Мав початкову освіту. На початку Першої світової війни мобілізований у російську армію." И - странно! - никто сего не хочет замечать, никто не обсуждает эти отличия, от которых во многом зависит понимание и оценка атаманства Я. Шепеля.

Если кого-то удивит такое моё заявление: мол, причём тут это, главное — его «антибольшевистская борьба», тем - объясняю. Я когда-то, в споре с А. Федоришеным о руках Эдельштейна, кои молодому историку виделись "по локоть в крови", писал, что оба — Шепель и Эдельштейн были зомбированы, только - каждый по-своему. И подчёркивал, что Шепель, отряд которого ликвидировал «палача Эдельштейна», был, в связи со своей меньшей образованностью, зомбирован глубже, чем его «идеологический» противник. Эдельштейн — из семьи врача, окончил Рижскую гимназию, учился на медицинском факультете Киевского университета, а Шепель — из сельской семьи, с начальным образованием… (Статью, в которой А. Дмитрук, подробнее и, надеюсь, правдивее приводит сведения о Я. Шепеле, я тогда для себя ещё не «открыл» - и попался на лжи, внесенной, несомненно, преднамеренно в украинскую ВікіпедиЮ. Потому что, вероятно, по мнению создателя страницы об Я. Шепеле, бедный, малообразованный, насильно мобилизованный в российскую армию Шепель «смотрится» лучше в роли борца с большевиками, защитника УНР. Печально это, потому что даже изолгавшиеся коммунисты не додумались сделать малоимущими ни родителей Маркса-Энгельса-Ленина, ни даже спившегося сапожника - отца генералиссимуса Сталина.

[Автор страницы о Я. Шепеле в украинской Вікіпеді́ через несколько дней после публикации этой статьи заметил на сайте «Історія Вінниці» следующее:
„Левчук Дмитро: Дуже важка і фактично недосліджена тема.

153

Об'єктивною причиною є те, що основний період діяльності Шепеля перша половина 1919 року, період фактичного безвладдя у Літинському повіті, за який майже не залишилось ніяких документальних матеріалів."

А потом к этому добавил весьма интересный факт:

„Левчук Дмитро: на сайті Державного архіву Одеської області є оцифровані описи фондів, у тому числі є списки особових справ студентів Новоросійського університету за 1880 (можу на кілька років помилитись) - 1920 роки, близько 20 000 справ. Я їх усі колись переглянув і Шепеля не знайшов. Тай й по інших фактах зрозуміло , що він в університеті не міг навчатися (наприклад вік станом на 1914 закінчив 3 курси, тобто вступив у 1911 у 16-17 років, що саме по собі для тих часів є малоймовірним для простого селянського сина . Вперше про навчання його у університеті написала сестра Шепеля у 30х роках у "Літописі Червоної калини.""

Для тех, кто не знаком с украинским языком, разъясняю. О времени полного безвластия в Литинском уезде в первой половине 1919-го года - основного периода действий Шепеля - не сохранилось почти никаких документальных материалов. Автор пересмотрел списки личных дел студентов Новороссийского университета, особенно за те годы (1911-1914), в которые Я. Шепель мог там учиться, но ему не встретилась искомая фамилия. Об обучении Я. Шепеля в этом университете впервые сообщила сестра атамана в 30-е годы XX-го столетия в «Летописи Красной калины».]

Возвратимся к странице о лицах с фамилией Шепель, к «нашему» Якову Шепелю.

Киевлянин Александр Шепель, судя по его сообщениям — из рода евреев Литина. В 2008-м году он сообщил о том, как бандиты Шепеля провели заказной погром на деньги богатой гречанки Литина, которую обидели евреи - представители советской власти, конфисковавшие её собрание книг в пользу городской библиотеки. Погром начался опять же 1-го (по старому стилю) мая того же 1919-го года (та же дата, что и у С. Гиля по Хмельнику, если он также имел в виду старый стиль!). О предстоящем погроме будто было заранее известно — и в Литин к этому дню съехались крестьяне за обещанным атаманом еврейским добром.

Было много убитых, немало евреев спрятали не - евреи.

Далее — цитата из приведенного киевлянином А. Шепелем: «На пятый день наступило затишье. Моя бабушка, очень активная и смелая, решила выйти из погреба, посмотреть, изучить обстановку. Сразу же она встретила Шепеля. Он учился в Литинской гимназии и знал многих литичан. Атаман подошел к бабушке, поздоровался, взял ее за руку и повел в свой штаб, который находился около нашего дома. Мы с замиранием сердца стояли у наблюдательного пункта - маленького окошка погреба и очень испугались за бабушку. Надеяться на благоприятный исход было трудно. Но произошло невероятное - Шепель сказал, что ему стало известно о разграблении многих домов, в том числе и нашего, выразил сочувствие и выдал "документ" следующего содержания: "Забороняю в оселі громадянки Березіноі провадити трус, займати помешкання". Документ этот был скреплен печатью - царским пятаком.»

Поверили ли вы в это — не знаю. Но такая демонстрация великодушия палачей известна: подобные, да ещё «документированные» эпизоды быстро получают повсеместную огласку и о высоких душевных качествах заплечных дел мастеров начинают распространяться легенды.

Приведу ещё одну цитату из рассказа А. Шепеля:
«За все время пребывания советской конницы в районе, «подвластном» Шепелю, сей атаман особой прыти не проявлял. Лишь однажды его люди из засады в Кожуховском лесу обстреляли группу командиров, следовавших из Хмельника в Литин, и ранили начдива.»
Даже после 2-й мировой войны Кожухов слыл бандитским селом. Проезжая через него (это недалеко от Хмельника) все как-то замирали. Ездил я в Хмельник и из него - обратно в Винницу не только поездом, но и на полуторке, и на телеге, запряжённой клячей (ехали целый летний день). И всегда - с опаской. Друг нашей домработницы - милиционер, помню, при мне объяснял ей своё отсутствие в течение нескольких дней: находился там в лесу в засаде, поджидая бандитов (начало 50-х годов).

156

Другой киевлянин — Сергей Шепель (2014) тоже внёс в форум значительное по величине сообщение о Я. Шепеле, оно полно, скажем так, невероятными данными. Например,

«к отряду Шепеля присоединилось более 3,5 тысяч человек, вооруженных преимущественно вилами, косами, ружьями». 3,5 тысячи — расквартировать, одеть, снабдить оружием и боеприпасами, пр. - где и за какие деньги? Кому нужны «воины» с вилами и косами? Если они были, наряду с ружьями, «преимущественным» вооружением, то что было иным? Пулемёты — исключаются (откуда?), пушки — то же самое...

«Как средство деморализации врага, Шепель использует распространение панических слухов. Почти без боя, повстанцы Шепеля, 20 мая 1919 мая заняли Хмельник.» Мы-то знаем, почему без боя, хотя даты разнятся... (см. выше и ниже).

В целом, мне кажется, что «вклад» С. Шепеля в «Шепелиаду» основан на вольном пересказе книги А. Дмитрука (повторяю, книгу эту я не читал, знаком только с интервью А. Дмитрука о книге).

***

В доступной в интернете книге В. А. Савченко «Двенадцать войн за Украину» (Харьков, Фолио, 2006) есть таблица «Повстанческое движение и его лидеры (весна 1921) », в которой указываются район дислокации, количество бойцов у того или иного атамана и политическая направленность повстанцев. Читаем: «5–6-й повстанческие районы. Подольская губ. Около 3,5 тыс. — Я. Шепель - 400, самостийная». Таковой - самостийной - политическая направленность была во всех 23 отрядах 5-6-го повстанческих районах (в других — также белогвардейская, анархистская). И тем не менее всем им приписывается только антибольшевистская борьба в защиту УНР.

А это — из статьи «Атаманы Гражданской войны в Украине. И их палачи.» (2012) - http://www.argumentua.com/stati/atamany-grazhdanskoi:

«В этих цифрах — мощь повстанческого движения в Украине. До 35 тысяч повстанцев, объединенных в отряды численностью свыше 40 человек каждый. Плюс еще примерно 4 тысячи повстанцев, объединенных в мелкие отряды.

Реальная цифра политических повстанцев в Украине весной 1921 года — около 40 000 штыков и сабель. Историки считают, что примерно 25 000 повстанцев (в основном, на Правобережье) объединялись под «самостийницкими» лозунгами, еще около 4 000 повстанцев — отряды дезертиров из бывших красноармейцев, «мятежники» из Красной Армии, стихийные крестьянские повстанцы, отдельные отряды, ориентированные на Белую гвардию, Булах-Балаховича, Савинкова, отряды «мстителей» из немецких колонистов.»

И тут речь идёт как бы только о «политических повстанцах»?! И большинство атаманов таких пёстрых вроде бы «политических повстанцев» сейчас объявляются героями! Без всяких оговорок!

По другому прокомментировать приведенные данные и нынешнюю их интерпретацию я не могу: та же «атаманщина», только ныне уже в историко-социальном приложении.

Даже если вы не являетесь сторонником взглядов «Аргумент'а», откуда я взял эту цитату, и не приемлете употребляемое там выражение «Справедливый бандитизм как украинская мечта», учтите всё-таки, что это, как указывает «Аргумент», извлечения из книги упоминавшегося В. А. Савченко. Называется она выразительно: «Авантюристы гражданской войны: Историческое расследование — Харьков: Фолио; М: ООО «Издательство АСТ», 2000 » (http://militera.lib.ru//bio/savchenko/index.html). И - из книги Верига В. - Визвольні змагання в Україні, 1914–1923: Т. 1–2. — Львів, 1998 (с этой книгой я не знаком).

***

С переименованиями в Хмельнике происходила такая же несуразица, как и почти везде на Украине. В статье по сему поводу ("ЧОМУ ХМІЛЬНИК «НЕДОДЕКОМУНІЗУВАЛИ»?" - http://forumhm.org/chomu-hmilnyk-nedokomunizuvaly/) от 16.05.2016 сообщается ещё об одной подробности пребывания отряда Шепеля в Хмельнике.

Цитирую:

«Трапилася ця історія, коли загони легендарного отамана Якова Шепеля звільняли Хмільник від більшовицьких окупантів. Перед своїм походом на наше місто, Шепель передав місцевому єврейству, що коли до його приходу в Хмільник тут ще будуть більшовики, то місцевим юдеям буде непереливки. Ті, не довго думаючи, зторгувалися з борцями за світле майбутнє всього людства за 138 тисяч карбованців. Червоне козацтво відважно взяло, зібрані хмільницькою єврейською громадою, кошти і мужньо кинулося тікати з Хмільника. Однак деяка його частина надто захопилася вживанням місцевих горілчаних виробів за несподівано зароблені гроші і не змогла залишити місто разом із своїми побратимами. Ось саме їх повстанці Шепеля й розстріляли. Поховали тих червоних козаків у братській могилі в парку і поставили згодом той пам'ятник...», который в другом месте обозначен как «могила жертв надмірного вживання алкоголю за халявни гроші хмільницького єврейства».

Для не знающих украинский язык разъясняю. Шепель планировал поход в Хмельник и заранее оповестил тамошних евреев (именно, евреев, что тоже «подтверждает» его антибольшевистские цели), что если он застанет в городке находившихся там большевиков, то евреям (не большевикам, а опять же — евреям!) не поздоровится. Евреи быстро собрали 138 тысяч рублей, затребованных за отступление борцами за светлое будущее всего человечества. Основная часть большевиков бросилась тут же удирать из Хмельника, но

160

некоторые так напились за дармовые еврейские деньги, что момент бегства упустили — и были расстреляны «повстанцами». Потом этим красным казакам, захороненным в братской могиле в парке, поставили - как жертвам революции - памятник. (И находящуюся рядом с парком улицу назвали именем Красного казачества, добавлю уже я от себя.)

[Я не могу себе представить никакого другого источника этих и приведенных далее сведений - только книга А. Дмитрука «Отаман Яків Шепель». А откуда взял автор книги эти сведения — даже не представляю себе. Из архивов — тогда каких и кто их письменно там зафиксировал? Из воспоминаний — тогда чьих: очевидцы до XXI-го века не дожили, а из когда-то услышанного правдивого с годами улетучивается не только дословность, но и то, что именуют духом повествования; многое из услышанного со временем — для большего эффекта — дополняется пикантными выдумками, как это бывает при возникновении любых легенд.
В результате мы имеем то, что можно сравнить с игрой, именуемой «испорченный телефон»: передаваемое по цепочке сообщение на выходе имеет мало общего с тем, что первый участник игры сообщил второму (https://ru.wikipedia.org/wiki/Испорченный_телефон).]

Но ещё более интересно то, что я обнаружил в более ранней статье «58 ВУЛИЦЬ ХОЧУТЬ ПЕРЕЙМЕНУВАТИ В ХМІЛЬНИКУ» от 18.06.2015 на «Громадський Форум

Хмільниччини» (http://forumhm.org/58-vulyts-hochut). На форуме рассматривалось предложение переименовать улицу «Красного казачества» в улицу Шепеля, на что последовал вопрос о том, какое отношение Шепель имеет именно к этой улице. Ответ меня буквально потряс: оказывается в Хмельнике до сих пор помнят о двух братьях, одним из которых был мой дед!

***

Я сейчас перейду к этому материалу, но — чтобы не забыть, в честь чего улица «Красного казачества» стала Летописной. Оказывается, на самом деле, в честь Хмельницкой летописи (см. "Хмільницький літопис" — ВікіпедіЯ), а не моих мемуаров, о которых до сих пор все ВикипедиИ почему-то умалчивают.

Понимаю, что ещё дальше ухожу в сторону, но как не подивиться и той эволюции, которая произошла в Независимой Украине со всем, связанным с историей Красного казачества как части РККА — рабоче-крестьянской Красной Армии. Организатором 1-го полка Червоного казачества был В. М. Примаков — приёмный сын М. М. Коцюбинского (муж Оксаны, дочери писателя), а Главнокомандующим армией Украинской Народной Республики Советов был родной сын М. М. Коцюбинского — Ю. М. Коцюбинский. Об обоих, расстрелянных во время сталинского террора в 1937 г. по разным, но одинаково надуманным и абсурдным обвинениям, громко и повсеместно заговорили после их реабилитации в

162

середине 50-х годов прошлого столетия. Появились улицы, скульптуры, памятные доски и тому подобное в честь обоих, особенно - В. М. Примакова. После обретения Украиной независимости эти улицы (ре)переименовали, практически все скульптурные бюсты, прочие памятные знаки демонтировали. Неужели В. М. Примаков и Ю. М. Коцюбинский (теперь - «малоизвестный винничанин») ничего доброго не сделали для Украины?

А можно действовать и по-другому. Есть в Киевской области небольшой районный городок Тетиев. В нём во время Гражданской войны бандиты убили 4 000 человек – почти всё население города. 1 200 евреев сожгли в синагоге. Это всё - дела' отряда атамана Куравского.
[«Один із найважливіших факторів історії краю є масове знищення євреїв бандою «зелених» у 20-ті роки.» (http://tetiiv.net/nashe-misto-istoria.html).] И там, как в Хмельнике и во многих других населённых пунктах, во время Гражданской войны был создан отряд еврейской самообороны. Возглавлял его Гирш Гурий, погибший в бою с погромщиками в 1920-м. Тогда же шестилетний мальчик Яков Орланд (1914 - 2002) потерял восемь членов своей семьи, убитых на его глазах. Через год он с родителями был уже в Эрец Израэль, где позднее стал знаменитым литератором.
В рамках закона о декоммунизации, в Тетиеве переулок Пионерский был переименован в переулок Якова Орланда, а улица Рихарда Зорге стала ул. Гирша Турия.

Значит, городские власти могут и так решать. Некоторые подробности — тут: http://israelmedia.co.il/news/kriptoevrei .

А погромы в Одессе были предотвращены во многом также благодаря еврейским уголовникам, главарем которых был Мойше-Яков Вольфович Винницкий (Мишка Япончик). Нет, я не предлагаю одну из винницких улиц назвать улицей Мойше Винницкого — вспомнилось почему-то просто так…]

***

Ну а сейчас — самое удивительное в моём поиске. Читаем вместе, а потом делаем выводы:
«1917 року загін отамана Шепеля визволив Хмільник від тих самих "червоних козаків".
А на тій самій вулиці проживали два брати єврейської національності (в їхніх будинках зараз знаходяться музична школа і гуртки технічної творчості), які зібрали (за рахунок своїх коштів та коштів інших євреїв Хмільника) щось біля 120 000 рублів, які заплатили командуванню більшовицьких "козаків", щоб ті забралися з міста, бо Шепель пообіцяв винищити все єврейське населення Хмільника у випадку, якщо до приходу його загону (з Літина) в місті залишатимуться більшовики. На скільки ця погроза була реальною, невідомо, скоріше за все, то був блеф, оскільки історія не має ніяких свідчень про те, що загони Шепеля вчиняли будь-яке насильство по відношенню до мирних мешканців, в тому числі й до євреїв.

Червоні козаки, отримавши від хмільницького трудового та купецького єврейства гроші, радісно забралося з Хмільника. Кілька червоних кізяків, напившись за ті гроші до свинячого визгу, не змогли звідси втекти разом зі своїми бойовими товаришами. Саме вони й стали жертвами загону Шепеля. Їх розстріляли і поховали поблизу тієї самої вулиці в парку (там стоїть відповідний обеліск).
Ось такий стосунок до Хмільника і тієї самої вулиці має отаман Яків Шепель.»

Только некоторые детали отличают это сообщение от цитируемого выше. Для меня, однако, важно, что здесь — большее приближение к действительным событиям: два брата, их дома'. Сомневаюсь, правда, что в достроенном спереди, сбоку и сзади доме деда находятся детские учреждения, однако, в бывшем доме Арона-Хуны-Хаима — это не исключается.

Два кратких вывода:
- грабили и не гнушались поборами (взятками) и «революционеры», и «повстанцы»;
- еврейское население оказалось в то время разменной монетой (тем, чем можно пренебречь: устрашения, подчинения и ограбления кого можно добиться с наименьшими затратами, физическая расправа над кем не грозит всенародным взрывом, пр.)

***

Вы уже устали читать, но я хочу сообщить всё, чем располагаю, как бы вы к этому ни отнеслись. Иначе ниже приводимые воспоминания канут в лету. А в них приводятся сведения, которые побуждают к дополнительным размышлениям. Принадлежат эти материалы перу моего дяди - мужу Фаины, одной из маминых сестёр (1909 - 1992). [Она на фото 2 - вместе с дядей Хаимом; снимок сделан 20.04.1928 г. На фото 1 — моя мама, студентка Воронежского университета; снимок от 06.10.1926 г. На фото 3 мама (в косынке) — во втором ряду, а Фаина - в первом (в шляпке); личности двух других женщин точно установить не удалось; снимок от 15.03.1926 г. Все фотографии сделаны в Воронеже.]

Автор мемуаров [фото 4 и 5] Лев Самсонович Гольдис (1906 - 1989), родился в Хмельнике, где он провёл детство и раннюю юность круглым сиротой, но в семье очень заботливых приёмных родителей (его дяди и тёти). [На фото 6 - Л. С. Гольдис в военное время.] Начаты эти воспоминания ещё где-то в 60-х годах и дополнялись, исправлялись почти до конца жизни. Не забывайте, что тогда не было интернета, в прессе - рассекреченных документов, а не только в народном хозяйстве, но и во всём прочем - под руководством престарелых членов Политбюро КПСС - царил застой. Зато в кабинетах и даже в квартирах многих руководителей на книжных полках красовалось очень даже многотомное собрание всего-всего, написанного «вождём мирового пролетариата» (от философских статей до записочек в секретариат Совнаркома, и пр.).

В отличие от моей матери, никогда не бывшей комсомолкой и рьяной коммунисткой (хотя и вступившей под угрозой увольнения - «Как это так — главный врач и беспартийная?!» - в партию в предпенсионном возрасте), Л. С. Гольдис с юных лет связал свою жизнь с комсомолом и большевиками. Врач по образованию, заместитель заведующего Воронежским облздравотделом (получил эту должность, будучи ещё студентом 4-го курса!) до войны, начальник госпиталя в войну, потом долгое время - главный врач Областной станции переливания крови в Курске, инспектор горздравотдела в Харькове — он, тем

167

не менее, постоянно конфликтовал с властью, пытаясь, скажем так, вернуть власть и партию на ленинский путь, с которого, по его мнению, они постоянно соскальзывали. Л. С. Гольдис был не раз в опале (в годы террора перед войной сидел в тюрьме, ему грозил расстрел), такая же участь «светила» ему в войну за рациональное, а не формальное исполнение распоряжений начальства, был исключён из партии (позднее — восстановлен). Он писал в местные и центральные газеты, в журнал «Крокодил», пр., критикуя царящие порядки и их насаждающих. Печатали не всегда, но когда его заметки публиковались, это было «радостью со слезами на глазах»: ему предстояли новые неприятности.

Я тут не могу вдаваться в детали, которые я хорошо знаю, так как в 1955-1956-м годах мы оба жили в Курске и я, конечно, очень часто бывал в доме своих тёти и дяди.

Перехожу к цитированию воспоминаний хмельничанина Л. С. Гольдиса о времени Гражданской войны , но перед этим — ещё одно замечание. Евреи поколения моих матери и дяди имели в своих рядах невозможное прежде, при царизме, высокое число лиц с высшим образованием. Но это были интеллигенты первого поколения, с весьма слабым начальным и средним образованием. О причинах сего говорить не приходится — они ясны и без этого. Поэтому не сетуйте на не всегда гладкий стиль изложения: я практически ничего не исправлял, за исключением явных опечаток.

***

«В заявлении своём Комиссариат по еврейским делам от имени трудящихся евреев России заявил, что они имеют свою социалистическую Родину, которую они защищают на фронте вместе с рабочими и крестьянами России против империализма, что еврейский вопрос в Советской России больше не существует, что трудящиеся евреи вовлечены в революционную борьбу на стороне большевиков, их активному участию в Октябрьской социалистической революции, в утверждении молодой Советской власти и защите её от врагов.

Ленин в 1919 году также выступил с речью, записанной на граммофонной пластинке «О погромной травле евреев». Запись эту привожу полностью ниже:
«Антисемитизмом называется распространение вражды к евреям. Когда проклятая царская монархия доживала своё последнее время, она старалась натравить тёмных рабочих и крестьян на евреев. Царская полиция в союзе с помещиками и капиталистами устраивала еврейские погромы. Ненависть измученных нуждой рабочих и крестьян помещики и капиталисты старались направить на евреев. И в других странах приходится видеть нередко, что капиталисты разжигают вражду к евреям, чтобы засорить глаза рабочего, чтобы отвлечь их взоры от настоящего врага трудящихся — от капитала. Вражда к евреям держится прочно там, где кабала помещиков и капиталистов создала беспросветную темноту рабочих и

крестьян. Только совсем тёмные, совсем забитые люди могут верить лжи и клевете, распространяемой против евреев. Это — остатки старого крепостного времени, когда попы заставляли сжигать еретиков на кострах, когда существовало рабство крестьян, когда народ был задавлен и безгласен. Эта старая крепостническая темнота проходит. Народ становится зрячим. Не все евреи - враги трудящихся. Враги рабочих — капиталисты всех стран. Среди евреев есть рабочие, труженики, их — большинство. Они наши братья по угнетению капиталом, наши товарищи по борьбе за социализм. Среди евреев есть кулаки, эксплуататоры, капиталисты, как и среди русских, среди всех наций. Капиталисты стараются посеять и разжечь вражду между рабочими разной веры, разной нации, разной расы. Народ нерабочий держится силой и властью капитала. Богатые евреи, как и богатые русские, как и богачи всех стран, в союзе друг с другом, давят, гнетут, грабят, разъединяют рабочих.

Позор проклятому царизму, мучившему и преследовавшему евреев! Позор тем, кто сеет вражду к евреям, кто сеет ненависть к другим нациям!

Да здравствует братское доверие и боевой союз рабочих всех наций в борьбе за свержение капитала!»

Чем была вызвана эта граммофонная речь Ленина «О погромной травле евреев», спустя всего лишь восемь месяцев после опубликования Постановления Совнаркома от 25 июля 1918 года по этому же вопросу, объявившее вне закона погромщиков? Это по-видимому объяснялось тем, что несмотря на то, что очень многое сделанное Лениным после Октябрьской социалистической революции в борьбе с антисемитизмом, сыгравшее огромную роль в снижении случаев погромов против евреев и антисемитизма вообще, еврейские погромы всё ещё частенько продолжались…

… Еврейские погромы в годы Гражданской войны стали проводить, в основном, всяческие петлюровские, махновские и белогвардейские отряды, противосоветские банды многочисленные, хотя и малочисленные по их составу, возглавлявшиеся атаманами типа Зелёного, Григорьева, Шепеля и других. Эти банды врывались в мелкие города, такие как Хмельник, Литин, Калиновка, Уланов и т. п., перестреливали милицию и местную власть советскую, а затем устраивали грабежи и убийства еврейского населения.

Очень хорошо помнится осенний день 1918-го года. Мне было тогда уже двенадцать лет и забыть этот трагический день было бы непростительно: банда Шепеля ранним утром двигалась откуда-то в Хмельник. По пути их догнал двигавшийся из Калиновки в Хмельник пассажирский поезд. Поезд был остановлен в поле. Всех пассажиров выгнали из вагонов с их вещами, построили мужчин с одной стороны, а женщин отдельно, напротив с другой стороны. Приказав всем неевреям выйти из строя, тщательно проверив, чтобы среди них случайно не оказался еврей, разрешили им вернуться в вагоны, а машинисту паровоза тронуться в дальний путь.

Когда поезд тронулся с места, Шепель приказал всем оставшимся сложить все их вещи в одно место и вернуться в строй. Когда это приказание было выполнено, группа мужчин тотчас же была расстреляна на глазах у женщин. Среди женщин начался ужасный крик, слёзы, истерия. Но не прошло и нескольких минут, как бандиты погнали всех женщин и девушек в рядом расположенный лесок, где их вначале обесчестили, а затем расстреляли.

Напившись вполне еврейской крови, банда, ворвавшись к полудню в Хмельник и быстро расправившись с милицией и коммунистами, принялась за грабёж и расправу с «жидами». Первым-наперво они расстреляли казённого еврейского раввина, очистили почти все еврейские магазины и лавчонки, а затем направились по еврейским домам, главным образом, в центральных частях города. Так как мы жили на окраине города, то всей этой страшной картины нам видеть не довелось. По окраинам бандиты не орудовали вначале, поскольку на окраинах города большинство домов были православных и католиков.

Не прошло и часа после вступления этой банды в Хмельник, как специальный посланник атамана Шепеля явился в дом Красуцких, находившийся почти рядом с нашим, и приказал молодому Красуцкому («молодому», потому что им не было известно, что незадолго до этого скончался хозяин дома — старший Красуцкий), бывшему прапорщику царской армии лично немедленно явиться к атаману Шепелю. Когда

Красуцкий, в полной форме прапорщика, явился к атаману, последний предложил ему занять пост начальника полиции города. Подумав, Красуцкий ответил: «С вашим предложением, господин атаман, почти согласен, но прошу вас дать мне лишь один час на раздумье и на согласие семьи, и ровно через час опять буду у вас.»

Получив согласие, прапорщик Красуцкий прямо от атамана направился в нашу квартиру и сказал моему дядюшке собраться хозяину дома и всем рядом расположенным евреям. Когда они собрались, Красуцкий сообщил о предложении Шепеля занять ему пост начальника полиции. Спросив у собравшихся мнения, как ему поступить, сам добавил: «Если откажусь от предложения, то живым от атамана навряд ли выйду — это первое; если дам согласие и стану начальником шепелевской полиции, то много могу сделать, чтобы уменьшить грабежи и трагедию еврейского населения — это второе. Если дадите мне ваше «добро», то приму его при обязательном условии, что гарантируете мне, что после изгнания из города банды Шепеля красными, подтвердите моё согласие принять пост начальника полиции по вашей просьбе и в интересах еврейского населения. «Договор» этот был согласован и прапорщик Красуцкий стал начальником полиции.
Вечером, когда на улице стало совсем темно, к нашему дому подъехал верхом на лошади назначенный начальником полиции Красуцкий и сообщил, что по договорённости с атаманом Шепелем грабежи и убийства еврейского населения в

центральной части города почти прекратились. Но гарантии, что они не повторятся ночью, особенно по окраинам, где полиция отсутствует, нет. Предложил, когда в домах православных и католиков угаснет свет и люди уложатся спать, всем трём еврейским семьям, живущим здесь, перебраться потихоньку в его дом и провести там самые опасные для них дни жизни, расположившись на чердаке.

Так мы и поступили, все двенадцать человек расположились на чердаке дома Красуцкого. Как и предполагал Красуцкий, ночью бандиты действительно орудовали по еврейским домам на окраинах. Побывав во всех трёх еврейских домах и не застав никого из жильцов, они забрали с собой самые ценные вещи и направились по окружающим домам православных и католиков в поисках «жидов». Раздался ночью грубый шум, крик и стук в двери дома Красуцких. Но в это время дома был уже сам начальник полиции Красуцкий, вернувшийся поздно, почти ночью, спать и он лично открыл им дверь. Не разглядев в темноте, что перед ними сам начальник полиции, они крикнули ему: «Жидив у себе заховав? Дэ воны, покажы их нам!». «Яки вам жиды, у мене шукаетэ? Хто перед вамы стоить? Хиба перед вамы нэ сам начальнык полиции Красуцкий? Гэть вид мэнэ по мисцям!»

Услышав, что перед ними начальник полиции, бандиты сразу же замолчали, извинились перед начальником и отправились обратно в город. Всю оставшуюся ночь мы провели спокойно, как и весь последующий день. Явившийся почти ночью домой Красуцкий предложил моему дядюшке и другим двум хозяевам еврейских домов спуститься с чердака вниз в квартиру, где поведал им следующее: «Благодаря моей заботе, лично сам Шепель приказал прекратить грабежи и убийства населения, в результате чего в городе наступила почти тишина и относительный порядок; за всю прошедшую ночь и весь прошедший сегодняшний день было лишь несколько случаев грабежей, но ни одного убийства; сам Шепель приказал мне силами самого еврейского населения и полиции обеспечить похороны всех погибших, которых насчитывается несколько десятков мужчин, женщин, детей, гарантировав свободное продвижение населения по городу и еврейскому кладбищу; он также разрешил тяжело искалеченных, которых больше, чем погибших, перевезти в городскую больницу для их лечения. В течение прошедшего дня большинство погибших уже похоронено, а остальные будут похоронены не позднее сегняшнего утра. Сам Шепель также приказал завтра, не позже полудня, направить десять подвод, несколько евреев, под охраной двух и даже четырёх полицейских в район железной дороги, где два дня назад расстреляли евреев, перевезти всех погибших на еврейское кладбище и похоронить там.»

Для этой цели Красуцкий в течение дня уже поручил полиции подобрать десять двуконных подвод, назначил четырёх конных полицейских для сопровождения этих подвод к месту гибели евреев, а также обратно с погибшими. Остаётся ему только назначить не более четырёх евреев для поездки туда, погрузки и перевозки погибших в город и доставки их на еврейское кладбище, где организовать их похороны. Для этой цели он принял решение направить к месту гибели евреев этих трёх, которые находятся перед ним здесь, а также кладбищенского сторожа. Предложил живущим здесь на чердаке отправиться всем по своим домам очень тихо, чтобы никто не видел их продвижения отсюда. А утром к их домам приедут назначенные полицейские, которые их «мобилизуют» для перевозки погибших в поле евреев, а от вас — на кладбище за его сторожем. «А когда перевезёте на кладбище погибших, вы сами организуете сбор евреев для обеспечения похорон. Обеспечение всех нуждающихся в организации похорон евреев будет за мной, для чего выделю двух полицейских.»

Всех нас спустили с чердака и каждая семья потихоньку отправилась по своим домам.

Утром, примерно, часов в десять к нам подъехало четыре верховых полицейских и одна двуконная подвода. Полицейские, собрав всех трёх еврейских хозяев наших домов, посадили их на подводу и , не сказав ни слова, направились на еврейское кладбище, где, разыскав сторожа, посадили и его на подводу и тогда лишь сказали: «По приказу начальника полиции, поедете с нами к месту расстрела жидов с поезда, погрузите трупы на подводы, которых будет ещё девять, и привезём их сюда на кладбище, где вам приказано всех их похоронить.»

176

Только к концу дня в город вернулись подводы с трупами, которых оказалось более шестидесяти человек. Многие сотни евреев, в том числе родные погибших, сопровождали их до кладбища. Плач, слёзы, проклятья по адресу убийств не прекращались и по пути на кладбище.

До конца всего оставшегося времени и до глубокой ночи люди готовили могилы. Утром следующего дня на кладбище явился фотограф и сфотографировал всех лежавших на полу в прикладбищенском здании и народ принялся за вынос трупов к могилам. Как раз в это время подскочили два верховых шепелевца, набросились на фотографа и отобрали у него фотоаппарат. Находившиеся здесь же два полицейских, специально наблюдавшие за обеспечением свободного передвижения здесь населения, не препятствовали конфискации фотоаппарата, так как лично Шепель запретил сохранить такой фотографический документ его действий для истории.

После окончания похорон погибших в городе наступил относительный порядок, погромы прекратились и кое-какие люди даже рискнули открыть свои магазины и лавчонки для того, чтобы снабдить население самым необходимым для жизни, хотя абсолютное большинство товаров в них было разграблено. На десятый день пребывания в городе Шепеля его банда без всяких боевых действий оставила город, а в город вступил мощный советский пехотный отряд и восстановил советскую власть.

Но отряд этот, выполнив свою задачу, спустя пару недель собрался оставить город. Народ весь взволновался, опасаясь, как бы опять не вернулся Шепель и восстановил свой «порядок». Собравшись на площади, тысячи евреев города решили: чтобы не впустить больше в город банду Шепеля и ему подобных, организовать самооборону из евреев в возрасте от 20 до 50 лет, добыв любым путём огнестрельное оружие, а пока его не будет, во всех кузницах города ковать холодное оружие всякого рода. Сразу же были тут избраны командир и штаб самообороны. Присутствовавший на митинге военный комиссар воинской части выступил в конце, всячески одобрил принятое решение об организации самообороны, рекомендовал обратиться к соответствующим властям Подольской губернии с просьбой выделить самообороне необходимое оружие, а со своей стороны, от имени командования части, обещал выделить самообороне 50 винтовок с патронами, а возможно даже один пулемёт. Речь комиссара была встречена бурными аплодисментами.

Ещё до отбытия воинской части из города начальник её штаба организовал обучение участников самообороны пользоваться оружием, оказал большую помощь штабу самообороны в выборе участков для засады самооборонцев по окраинам города, а также места пребывания штаба и пребывания дежурных частей самообороны — обе еврейские синагоги.

Спустя всего неделю после отбытия из города воинской части

Шепель опять предпринял его вступление в Хмельник. Но на этот раз его совершенно неожиданно встретили не только вооружённые силы самообороны, но многие сотни вооружённых холодным оружием. И Шепель был вынужден отступить, потеряв убитыми пять своих человек. Это была первая победа самообороны в борьбе с бандой, потеряв всего лишь одного человека в лице известного в городе парикмахера.

Через три дня после этого первого боя с бандой Шепеля к западной части города (Угриновка) подошла, человек двести, какая-то воинская часть, которая сразу же разоружила здесь находившихся в засаде нескольких самооборонцев, что вызвало особое беспокойство населения, тем более, что по внешнему виду и обмундированию эта часть была больше похожа на банду типа Махно. С другой стороны, она была весьма сильно вооружена: в ней имелось несколько пулемётов и даже две пушки. Воинская часть эта расположилась на отдых в парке Ксидо и никаких агрессивных мер к населению не предпринимала. Между тем вся самооборона была полностью подготовлена в случае необходимости вступить с ней в бой.

Однако, несколько часов спустя к охране самообороны с восточной стороны города, у Слободки, подошёл средних лет крестьянин и вручил ей письменный ультиматум Шепеля на имя штаба самообороны, который гласил: если самооборона без боя встретит его вступление в город и сложит оружие, то он гарантирует полный порядок во всём, а в противном случае он

179

возьмёт город боем и расстреляет всё еврейское население, оставив на память о себе лишь одного лишь еврейского грудного ребёнка. Ответ на ультиматум был установлен ровно к 17 часам.

Ознакомившись с ультиматумом Шепеля находившийся здесь в составе охраны самообороны мой родной брат Моисей под ружьём направился с представителем Шепеля в штаб самообороны. Однако, не дойдя ещё далеко до штаба самообороны, услышана была сильная стрельба со стороны Слободки: не дождавшись ответа на свой ультиматум Шепель начал своё наступление. Штаб самообороны вначале воспринял эту стрельбу как выступление прибывшей с утра воинской части. Но командир этой части Запшалко быстро лично сориентировался во всём и лично возглавил свою воинскую часть вместе с еврейской самообороной, и они нанесли банде Шепеля огромный урон убитыми и ранеными. Самооборона пополнилась почти сорока винтовками и винтовочными обрезами.

Воинская часть Запшалко также оказала самообороне огромную помощь оружием и боеприпасами и к моменту её оставления города у самообороны было уже более 150 винтовок, до десяти пистолетов и три пулемёта. Она представляла уже внушительную силу в борьбе с бандитизмом. И сколько раз Шепель и какие-то новые другие банды (в числе которых была банда атамана Хмара), появившиеся в районе Хмельника, пытались, проникнуть им в город не удавалось, так как

180

самооборона давала им решительный отпор. Самооборона успешно справлялась со всеми их наступлениями, а однажды даже объединёнными силами банд Шепеля, Григорьева и Хмара. Этот успех стал известен далеко за пределами Хмельника и всей Подольской губернии, в связи с чем в адрес самообороны поступила поздравительная телеграмма от Реввоенсовета республики.

Банда Шепеля также продолжала пополнять свои силы за счёт населения окружающих Хмельник деревень. Всё чаще до города доходили сведения о бандитских налётах на другие города и местечки и о страшных еврейских погромах. Среди еврейского населения Хмельника появилась опасность, что на помощь Шепелю, Григорьеву и Хмаре придёт сам Петлюра с его армией и всё население города будет уничтожено. Это привело к тому, что среди еврейского населения началось массовое бегство за пределы республики, особенно в Румынию, откуда они перебирались в Соединённые штаты Америки. Эмигрировали, в основном, молодые люди — мужчины и женщины. В числе нескольких сот эмигрантов оказалась и моя старшая сестра Шендля (Женя), которую я лично тогда ещё не знал, так как с первых месяцев моей жизни, в связи со смертью матери, я жил вне семьи своей. [В 1964-м, 1966-м и 1972-м годах Л. С. Гольдис встречался со своей сестрой в Москве, куда она прилетела из США. В 1966-м году его сестра посетила не только Москву, Киев, Кишинёв, но также и Хмельник. Ответный визит в те годы полностью исключался.— С. В.]

Бандитские отряды орудовали вокруг района Хмельника всё сильнее и сильнее. Весною 1919 года силы самообороны, со своей стороны, также укрепились, в связи с организацией в городе части особого назначения («ЧОН»), состоявшей из коммунистов и комсомольцев. Хотя ЧОН была весьма незначительна, имея в своём составе не более 20-25 человек, и её роль самостоятельно не могла играть решающую силу, но слившись с самообороной, она несомненно её подкрепила.

Несмотря на пополнение сил самообороны, вдруг неожиданно, примерно в мае 1919 года, подошла совершенно ранее не слыханная и не виденная крупная банда, которая быстро овладела городом. Разоружив всю самооборону и ЧОН, арестовав всю городскую власть, всех самооборонцев и около двухсот евреев. Разместить всех арестованных, число которых было более четырёхсот, негде было, так как городская тюрьма не превышала 80-100 мест. Поэтому в тюрьму поместили не более 50 арестованных, главным образом из числа самооборонцев, заняв для них почему-то только одну половину её. Всех остальных самооборонцев и других гражданских лиц еврейской национальности поместили в одной синагоге на «новом городе», обеспечив её сильной и строжайшей охраной. Всех ЧОНовцев, коммунистов и комсомольцев, а также работников городской власти поместили в первом этаже здания Уисполкома, превратив его в тюрьму, а на втором этаже того же здания разместили командование и штаб этой банды.

Живший в нашей квартире близкий родственник моего дядюшки Лев Фикс, известный коммунист, как только в город вошла банда, он явился домой, забрался на чердак, где спрятал свой пистолет, а, спустившись вниз, переоделся в его грязный рабочий костюм, в котором он слесарил прежде, сделав вид, что он прячется от бандитов. Но минут через тридцать, не более, к нам подскочили трое вооружённых бандитов. Фикс выбежал из комнаты и бросился к чердаку, но тут его как раз поймали, связали его руки и посадили на стул в комнате, начав большой обыск не только в комнатах, но и на чердаке. Очень быстро в руках бандитов были и его партийный билет, красногвардейский значок и даже пистолет, найденный на чердаке. После окончания обыска арестованного пару раз стукнули кулаками, окружили его со всех сторон и повели из квартиры как крупного преступника. Когда его вывели из нашего дома, на улице стояли наши соседи православные и их мальчишки, наблюдая, как сцапали и тащат в тюрьму коммуниста.

Однако, когда Фикса выводили из квартиры, он незаметно и тихо сказал по-еврейски моей тётушке: «Особенно не волнуйтесь». Это, конечно, не могло нас не удивить, так как и сам его арест, и обыск не не могли вызывать сомнения, что это настоящие бандиты были у нас. Тем более, что прошло не более часа, как те самые, которые арестовывали Фикса, вернулись и арестовали самого дядюшку, а в квартире забрали самую ценную одежду, другие ценные вещи, вплоть до ложек и вилок, нагрузив ими два больших мешка.

«Не волнуйтесь особенно, не волнуйтесь», - говорил мне Фикс, когда его выводили из комнаты. Как же не волноваться, если арестовали даже дядюшку и забрали из дома всё ценное, что у на есть? «Это же — самые настоящие бандиты и грабители», - сказала плача тётушка.

На следующее утро по всему городу и всем окружающим деревням был вывешен отпечатанный типографией большими буквами приказ №1, в котором сообщалось о расстреле председателей уездного комитета партии и Уисполкома, с указанием их фамилий и имён; второе — об объявлении военного положения в городе с 20 часов до шести часов утра; в-третьих, всем контрреволюционным и антисоветским силам присоединиться к ним; в-четвёртых, в субботу в Хмельнике объявляется день террора против коммунистов и жидов.

Этот приказ, вывешенный в понедельник, встретил большое удовлетворение со стороны контрреволюционеров, которые с первых же дней являлись в штаб этой банды и просились зачислить их в её состав. Абсолютно всех являвшихся охотно зачисляли в отряд, обеспечивали питанием и устраивали им соответствующее помещение для жительства, обещав им выдать оружие в субботу с утра для участия в терроре над большевиками и жидами, предупредив их, однако, что до субботы категорически запрещается грабить у убивать жидов.

В течение дней недели явились и записались в отряд многие десятки контрреволюционеров. В четверг явился лично атаман Хмара с двумя десятками головорезов. Все евреи с ужасом узнали о прибытии банды Хмары и с часа на час ожидали прибытия и банды Шепеля. И тогда все эти головорезы устроят настоящий антиеврейский массовый террор и перестреляют всех евреев от велика до грудных детей, памятуя ультиматум Шепеля оставить на память только одного грудного еврейского ребёнка. Но, к счастью, ни в четверг, ни в пятницу Шепель с его бандой в город не явился.

В ночь на субботу всех добровольцев, записанных в отряд, включая и банду Хмары, подняли со сна, окружив их со всех сторон сильной охраной, построили и повели их на православное кладбище, где всех их расстреляли и похоронили в заранее приготовленную для них могилу.
Одновременно с расстрелом бандитов отпустили по домам всех арестованных в первый же день (воскресенье) прибытия невиданной прежде «банды» - самооборонцев, ЧОНновцев, евреев, работников власти, в том числе обоих «расстрелянных» в первый же день председателей Укома партии и Уисполкома.

Ночью вернулись к нам домой и мой дядюшка, и наш коммунист Фикс, которые поведали подробнейшую историю этой небезынтересной «банды». В связи с большими трудностями борьбы с бандитизмом и его ликвидации, командование Красной

Армии пошло на хитрость, придав двухсотенному коммунистическому конному отряду видимость банды, для чего весь состав отряда специально был переодет в разную гражданскую одежду, многие лошади были без сёдел, да и оружие было различное, вплоть до того, что некоторые бойцы были с обрезами, охотничьими ружьями и т. п. Вид отряда типично был бандитским. За два дня до вступления «банды» в Хмельник, губернский военный комиссар вызвал к себе в Винницу председателей Укома и Уисполкома, командира самообороны, где с ними встретилось командование коммунистического отряда и подробно обсудили время и порядок подхода его к Хмельнику, видимость «боя», при котором сильную стрельбу с двух сторон следовало проводить только в воздух с тем, чтобы не допустить жертв, а затем самообороне и ЧОНу «сдаться» наступающей «банде», которая очень быстро овладеет городом, где разыграет всё так, как фактически и было сделано.

В установленное время, субботу утром, ровно в десять часов у здания Уисполкома вывесили красный флаг, а оркестр заиграл «Интернационал». Все прежде одетые в разную одежду и головные уборы «бандиты» были уже в красноармейском обмундировании, а на головных уборах блестели красные звёздочки.

Как только услышано было, как оркестр очень звучно играл «Интернационал», сотни людей побежали к зданию Уисполкома

186

и увидели уже построенный отряд Красной Армии. Я в течение минуты был здесь одним из первых. Нас, всех присутствующих здесь не могло не удивить, как перед всеми людьми хорошо был виден красноармейский отряд, красный флаг, а оркестр ещё продолжал играть «Интернационал» и на лестничной площадке стояли командиры Красной Армии и руководители местной власти, а к ним быстро подбежал запыхавшийся молодой человек, лет тридцати, опоздавший, видимо, к началу дня террора и обратился к одному из командиров, попросил записать его.

«Запишите его», - обратился командир к стоящему рядом красноармейцу, и этот молодой человек, будущий бандит, хорошо одетый и в шевровых сапогах, через какие-нибудь полчаса был уже на том свете.

Через несколько часов к нам явились уже известные нам «бандиты», арестовавшие в прошедшее воскресенье Фикса, а затем дядюшку, одетые по всей форме красноармейцев, принесли оба больших мешка с «украденными» ими вещами, извинились перед нами за большую тревогу и обиду за всё ими совершённое, но в наших же интересах, и добавили, что наши мешки они даже не открывали: «Как их у вас завязали, та к они и остались. Хотите проверяйте все ваши вещи, хотите верьте нам на слово».

«Спасибо большое за всё. Проверять вещи не будем, верим, что всё в порядке», - сказал дядюшка и пригласил их с нами пообедать. Они поблагодарили и уехали.

Много было достигнуто коммунистическим отрядом, но далеко не всё, чего они ожидали, так как атаман Шепель, не доверившись этой так неожиданно появившейся здесь в районе «банде», не пошёл на её хитрость. Видимо и атаман Григорьев не пошёл на эту хитрость или же он в этот период орудовал где-нибудь в другом районе, вдали от Хмельника.

Покидая Хмельник, командование коммунистического отряда передало самообороне и ЧОНу не только оружие банды Хмары и других добровольцев, явившихся со своим оружием (таких было совсем мало), но и часть оружия самого его и боеприпасов. Самооборона превысила уже более двухсот вооружённых человек, а ЧОН, примерно, сорока человек. Зная, видимо, о возросшей силе самообороны и ЧОНа, Шепель даже не предпринимал больше походов на Хмельник, а орудовал в других городах и местечках, продолжая грабить и убивать еврейское население вплоть до 1920-го года, когда Шепель с небольшой частью самых верных ему головорезов последовал за отступающей польской армией и перебрался в Польшу. Оставшаяся здесь часть банды Шепеля, возглавляемая уже другим атаманом, ещё долго орудовала на территории Подольской губернии, нанося немалый урон советской власти и еврейскому населению, вплоть до конца 1923 - первой половины 1924 года, когда её окончательно ликвидировали, а также распустили ЧОН и самооборону, хотя в других местах Подольской губернии ЧОН распустили ещё на год-полтора раньше. Вступив в августе 1922 года в комсомол, я успел походить с винтовкой в руках в рядах ЧОНа до середины 1924 года.»

***

Вы спросите, что особенного в этих воспоминаниях неисправимого ленинца? Отвечаю: факты, свидетельства очевидца. Пусть и обрамлённые в большевистскую идеологию, пусть и окрашенные коммунистическим красным, но всё же — факты, запомнившиеся мальчику-наблюдателю и юноше - участнику событий.

Не всегда совпадают, к примеру, даты с теми, что приводились в других воспоминаниях. Не исключаются какие-то неверные частные детали. Но зато есть новые подробности, присочинить которые Л. С. Гольдису не было никакого смысла. Эти воспоминания печатались им на машинке, как выражаются, в стол: о типографском издании их не могло быть и речи, о размножении и распространении каким-либо иным путём — то же самое.

Я повторяюсь: получить справки где-либо в советское время было невозможно. Архивы были засекречены для всех (в ультрадемократической Виннице сейчас, судя по собственному опыту - только для избранных), в прессе подобные темы не поднимались. А если где-то публиковалось что-то о Гражданской войне, то только о масштабных событиях, о

189

«назначенных» Героях этой войны. То, что вообще начали вспоминать о тех «бывших назначенных» Героях, которых в годы террора укокошили за приписанные им преступления, уже расценивалось как восстановление «ленинских принципов партийной жизни».

Но до полной правды и сейчас не близко. Потому что и большевики действовали, скажем так, «не чисто», о чём было упомянуто выше (например, так называемые раскулачивания оказывались, на самом деле, явными грабежами; расправлялись с «врагами», как описывается в этих воспоминаниях, без расследования и судопроизводства, пр.). А не предвзятых исследований тех событий, всестороннего анализа их нет до сих пор. Цельное полотно о происходившем в годы Гражданской войны всё ещё не нарисовано.

Посему даже несколько дополнительных пикселей всегда будут полезными. Известно, что чем больше пикселей на единицу площади содержит изображение, тем более оно детально. Перекрёстная проверка каждого пикселя, разумеется, необходима. А далее всё зависит от РАЗРЕШЕНИЯ монитора. Что (кого) я понимаю под монитором — догадайтесь сами. Для меня, например, монитор в винницком Облархиве светился желтым, а в архиве МВД - красным светом. Зелёного не дождался...

Л. С. Гольдис дожил только до «перестройки» - отсюда его

несокрушимая вера в ленинскую партию. Во время работы над этими мемуарами он вёл переписку со многими ещё живыми весьма пожилыми хмельничанами, чтобы восстановить возможно ближе к реальности, с не известными лично ему подробностями, период Гражданской войны в Хмельнике. Если даже воспринимать изложенное выше через наше нынешнее понимание происходившего тогда, полностью отрицать факты безумной «борьбы» атаманов с еврейским населением и не менее жестокой расплаты красноармейцев как с прожжёнными бандитами, так и с вовлеченными в банды простыми людьми, никак не получается.

***

Казалось бы, мы узнали достаточно много дополнительного, из чего можно сделать выводы.

Можно, но выводы — предварительные.

Согласно философскому словарю, эволюция - с интересующей нас позиции - это процессы изменения (преимущественно, необратимого), протекающие в социальных системах.

Социальная эволюция, подобно другим видам эволюции, бывает как прогрессивной, так и регрессивной.

В применении к социальным системам эволюция рассматривается как аспект истории, связанный с выделением тех или иных целостных социальных комплексов (эволюция общественных институтов, идеологии, культуры и так далее как часть общей истории).

Если рассматривать социальную эволюцию Украины за несколько веков её вхождения в состав Российской империи, затем краткого и неустойчивого существования Украинской Народной Республики, семидесятилетия пребывания в СССР и, наконец, обретения независимости около трёх десятилетий тому назад, то становится видимым, что эта эволюция шла не только по прямой от низшего к высшему, а в какие-то времена находилась в стагнации и даже возвращалась назад. Многие процессы изменения оказались, увы, обратимыми и в отношении немалого числа их до сих не решено, были они позитивными или негативными для развития страны.

Это касается всех сторон истории Украины, но мы коснулись тут преимущественно идеологии и её последствий. Надо бы было упомянуть ещё о религии, но атаманы, судя по их свершениям, не верили ни в бога, ни в чёрта. Яков Шепель, ведь и об этом я когда-то читал (но источник, вопреки моим правилам, не выписал), объединялся ненадолго с большевиками и анархистами (конец 1918-го - начало 1919-го годов).

[Требует и дифференцированной оценки жизнь и борьба упоминавшегося в статье С. Гиля «деятеля штаба Петлюры» Ю. О. Тютюнника (1891-1930) — генерал-хорунжия (по - нынешнему, генерал-майора) армии УНР, а потом, в частности — преподавателя Школы красных командиров в Харькове (курс лекций «Тактика партизанской и противопартизанской

борьбы»), автора серии публикаций против Петлюры - «З поляками проти України», в которых категорически выступил против Петлюры и политики УНР. Как указывалось в предисловии, «эта книга в первую очередь не воспоминания, а акт обвинения Петлюры и петлюровщины» - ВикипедиЯ.
Ю. О. Тютюнник был расстрелян ОГПУ, в Москве. Реабилитирован Генеральной прокуратурой Украины в 1997 г.]

Отсюда — мой результирующий вывод: не следует спешить с низложением одних и возвышением других. Есть, конечно, одиозные фигуры (хотя бы, «вождь всех народов») и есть - в большинстве своём - неверно (превратно) понятые (недопонятые), неверно воспринятые (недовоспринятые) до сих пор.
Оценочная характеристика последних в целом не соответствует истине, действительности. Она возникла из-за недостаточного изучения всего материала о них, в спешке (по так называемому «требованию времени ») или, что легко заметить, умышленно искажена.

То - для оценки - на первый план выступают анкетные данные (происхождение из низов, национальность, вероисповедание), то - вырванное из контекста какое-то заявление (почти всегда - не зафиксированное в документе, а кем-то «пересказанное» (придуманное?). А им содеянное, д е л а , а не слова, преднамеренно пропускаются через идеологические фильтры, сита, дуршлаги, задерживающие одно и пропускающие совершенно противоположное. В каких-то случаях выпячивают не пропущенное цедилкой, в других, наоборот, - процеженное через таковую.

«Что пользы, братия мои, если кто говорит, что он имеет веру, а дел не имеет?… Но хочешь ли знать, неосновательный человек, что вера без дел мертва?… Видите ли, что человек оправдывается делами, а не верою только?» (Послание Иакова, глава 2: 14, 20, 24).

Если же сотворённое «новооткрытым народным героем» расценивать иначе как зло и преступление никак не получается, то вспоминают о хаосе, беззаконии того времени: мол, «грех не вменяется, когда нет закона» (Послание к римлянам, глава 5: 13). Короче, как сказано Святым апостолом Павлом там же (гл. 4: 15), «где нет закона, нет и преступления».

Авторы многих публикаций затрудняются или просто не отваживаются правдиво высказаться (не рискуют навлечь на себя гнев сторонников или противников этой исторической личности) — и ограничиваются выборочной фактологией. Они, дабы облегчить себе задачу, не проверяют сообщаемые ими факты на объективность, не «взвешивают» их информативность, не оценивают надёжность источника получения этих фактов, пр.

Не хотелось предаваться теоретическим обобщениям, но напомнить об основных ошибках (случайных или предумышленных) при работе с фактами считаю полезным для прояснения не только конкретной, но и общей цели сей публикации. Эти ошибки сгруппированы следующим образом (http://isy.ucoz.ru/index/0-10):

1. Преднамеренный выбор или подбор факторов, формирующий одностороннее представление проблемы, тенденции развития, и так далее.

2. Подтасовка фактов. Замена главных и существенных второстепенными и частными. 3. Искажение содержания факта, его ложное разъяснение интерпретацией.

4. Фальсификация фактов. Определенный их подбор, искажающий действительное положение вещей.

5. Абсолютизация отдельных фактов, которая влечет ложное представление о проблеме и ограничивает мышление.

И вот - при наличии таких вольных или невольных заблуждений - одним личностям инкриминируются (вменяются) страшные грехи, другие же получают от горе-историков индульгенцию (полное или частичное отпущение грехов). В ряде случаев это происходит прямо таки по Шарлю Морису де Талейрану-Перигору (1754-1838) — беспринципному дипломату, который, видимо, как раз о подобных ошибках иронично заявлял: «Это больше, чем преступление, это ошибка».

Не будучи абсолютно уверенным в том, что представленные мною новые факты об «антибольшевистских повстанцах» Шепеля и о нём самом свободны от ошибок, не желая - упаси господь - быть уличённым в преступлении, я воздерживаюсь от окончательного и безапелляционного приговора Я. Шепелю. Хотя не хочу скрывать, что уверен: гордиться этим своим земляком литинчане должны с превеликой осмотрительностью...

P. S.

В декабре 2015-го года свершилось, инициированное Указом Президента Украины, переименование многих винницких улиц. О той тенденции, которой придерживались винницкие «переименователи», я писал неоднократно — и нет смысла повторяться.

Просто приведу два примера.

М. П. Бронштейн (1906-1938), родившийся в Виннице выдающийся физик-теоретик с мировым именем, жертва сталинского террора, так и остался вне списка новых названий улиц его родного города.

Винница лишилась улицы, ранее называвшейся в честь другой жертвы сталинского террора — В. М. Примакова (1897-1937). Теперь она — улица Якова Шепеля. Обоснование:

«Шепель Яков Матвеевич (1894 - 1921) - повстанческий атаман Литинщины, полковник Армии УНР. В 1919 - 1921 гг. оперировал против большевиков на Литинщине, Хмельниччине, Козятинщине, Калиновщине (территория Винницкой области). В течение 1919-1920 гг. неоднократно занимал Винницу.» (http://www.myvin.com.ua/ru/news/useful/39258.html)

Где же ваши деды, где же ваши бабки?

Фейсбукушки, бравы ребятушки,
Где же ваши деды?
Наши деды — нет, не краеведы,
Вот где наши деды!

Фейсбукушки, бравы ребятушки,
Где же ваши бабки?
Наши бабки — божии кульбабки,

Вот где наши бабки!
(кульбабка - одуванчик — укр. и рус.)

Кому нужен полный текст этой солдатской песни, обращайтесь по этому адресу:
http://webkind.ru/text/56879388_26060507p981261748_.html, а мы займёмся более важным делом.

Два винницких сайта в последние годы обнародовали очень много нового об истории города. Это — сайты «Історія Вінниці» - сначала в «В контакте» (vk), потом - в Facebook (fb) и «Винничане» («Вінничани») - также в fb. Некоторые из опубликованных там материалов вызвали столь массовое участие в бурном обсуждении находки, что диву даёшься! Не всегда, правда, по письменным документам или фотографиям удавалось докопаться до истины, но были случаи, когда казалось бы безнадёжно утраченные знания о чём-то или о ком-то общими усилиями вытаскивались на свет божий.
Другие материалы, хоть и вызывали десятки откликов, так и остались неразгаданными. Слишком давно это было, свидетелей не осталось, и тому подобное. Что же, открытий всегда меньше, чем попыток их совершить. Но высказанные предположения, версии тоже имеют цену, так как указывают направления дальнейших поисков разгадки. Наконец, поражает то, как мысль об одном порождает связанные с ней ассоциации — и при углублении в предмет обсуждения обнаруживается что-то иное, совсем далёкое от цели поиска, но не менее важное и интересное.

Здесь, однако, пойдёт речь о том, что должно быть известно ещё живущим винничанам, причём не только родителям родителей участников форумов или их родителям, но и - самим участникам пожилого возраста, так как опубликованное, например, фото сделано относительно недавно, максимум половину столетия тому назад.

Среди участников — немало проживающих вне Винницы, но они винничанами, как правило, были. Если не они, то их предки. Одним словом, свидетелей (знатоков) вопроса есть ещё д о с т а т о ч н о. Но почему-то никого углубление и расширение темы весьма часто не заинтересовывает, все остаются довольны достигнутым, хотя находятся ещё в пути, не осилив и половины дистанции до выяснения полной истории события или объекта. Как говорится, используется не весь потенциал возможностей.
А это — важно: без каких-то мелочей, из которых складывается цельная картина, истории развития города просто не понять, в чём все мы не раз убеждались.

Простой пример: названия улиц. Я повторяюсь, но в этом столько наглядности, что спорить, вроде бы, и не о чём. Но сделали всё-таки шиворот-навыворот. В статье о бывшем садике Козицкого я писал: «Вот, будь моя воля, я бы поменял местами названия улиц, связанных с именами Артынова и Оводова. А то, что же получается? Несколько главных творений Гр. Гр. Артынова расположены на улице Оводова (перечислить? - каменные ступеньки к парому, водонапорная башня, дом Марьянчика, отель «Савой»), а улица архитектора Артынова упирается в … дом Н. В. Оводова. По ней, а не по, в будущем, «своей» улице ходил Городской голова на работу как в старое, так и в новое

199

здание Городской Думы.» (http://www.proza.ru/2016/04/05/523). Дополню для ясности: красивый дом городского купца и мецената Авраама Ионовича Марьянчика — последний с левой стороны по пути с улицы Соборности в сторону теперешней Европейской площади. Да ещё — творческая мастерская Гр. Гр. Артынова располагалась также на нынешней улице Оводова. Возможно, городской Голова пару раз туда заходил, но не более.

Ладно, оставим эту тему с переименованиями, сто'ящими немалых денег. Возвратимся к «бесплатным» обсуждениям, которые почему-то не состоялись.

***

15-го декабря 2017-го года «Історія Вінниці» (https://www.facebook.com/groups/historyofvinnytsia/) опубликовала фильм «Против воли отцов», созданный более, чем девяносто лет тому назад, в 1926-м году. Всё в нём интересно, хотя для современного зрителя — по иным причинам, чем для зрителя второй половины 20-х годов прошлого столетия. Тогда, к примеру, никто не увидел ничего особого в кадре, где прохожие изображены на фоне большого, красивого дома (фото 1.) по улице Козицкого (бывшей до того Театральной). До'ма, во дворе которого с давних (ещё с довоенных) лет расположен кинотеатр. (см. Обсуждение фильма там же, 17-18-го декабря 2017-го года).

Только архитектор Людмила Денисова, хорошо знающая городские строения, дополнила: «Будинок з гарним ганком по вул.М.Оводова. Був на той час трьохповерховий. Хлопці йдуть до воріт - зараз проїзд - прохід до кінотеатру "Родина".» И выложила для всех фотографию этого дома

200

(без указания даты съёмки) — фото 2.

То, что дом был когда-то трёхэтажным, бросается в глаза сразу: простая кирпичная кладка стены и обрамление окон четвёртого этажа значительно отличается от фигурной кладки нижних этажей. Заметно также отсутствие балконов на втором и третьих этажах. Сняты были, наверное, из-за временем повреждённых, уже ненадёжных несущих балконы балок. Зато - всё ещё уравновешено: три балкона на четвёртом и один, оставленный (с новыми, вероятно, балками) по центру третьего этажа. [В середине 50-х срочно поставили новые балки (рельсы) на нашем балконе третьего этажа дома Бродского, так как балкон на втором этаже рухнул; к счастью, это произошло ночью, когда никого не было на балконе и под ним.]

Что' ещё интересно? Если в то время (ближайшее, полагаю, после надстройки четвёртого этажа) балконы, обращённые на улицу Козицкого, ещё имели пристойный вид, то балконы, обращённые в проезд между домами, уже обросли пристройками «самостийной» дикой архитектуры.
Что произошло с фасадом позднее, видно на снимках, которые сделаны в 2015-м году. На фото 3., сделанном мною со стороны фасада, несколько наискосок к башне Артынова (частично видна и боковая сторона дома), на фото 4., выаолненном моим бывшим одноклассником Юрием Варшицким одним днём ранее с оси, как бы исходящей от угла дома, так, что видны - под углом - и фасад, и особенно хорошо - другая, обращённая в сторону торгового центра, сторона дома.

«Гарный ганок» (красивое крыльцо) в кинофильме попал лишь частично в кадр, на фотографиях почти весь прикрыт деревьями, хотя обнаруживается без особого труда. Дополнительно на кинокадре видно также … окно над крыльцом. Откуда же оно взялось?!

Мне пришлось обратиться к помощи Анатолия Штейнбаха — моего одноклассника в течение всех далёких десяти школьных лет (1945-1955), ныне проживающего в немецком городе Кассель. По специальности Анатолий — инженер-строитель, возводил, в частности Новосибирский Академгородок, но работал также и в строительных организациях Винницы. От него я многое узнал об особенностях сооружения знаменитой винницкой арки, о чём было уже сказано в соответствующей публикации. Память у А. Штейнбаха — не хуже моей, и он к тому же все школьные и многие послеинститутские годы проживал как раз в обсуждаемом нами доме. Так что в этом случае первенство, безусловно, за ним: и почти всё написанное ниже — с его слов.

Во-первых, дом действительно был трёхэтажным, однако чердачный этаж (до надстройки) также использовался для жилья. Во-вторых, четвёртый этаж надстроили в 1965-1968 годы. А. Штейнбах хорошо помнит, что в это время дом был поставлен на капитальный ремонт, а всех жильцов - на период реконструкции - переселили. Помнит он и такую деталь: проект капитального ремонта дома был выполнен одним из винницких проектных институтов (директор Панич).

Если глянуть на фотографии, представленные в моей

подборке «Было и прошло», то на нижней фотографии в разделе IV (http://www.proza.ru/2017/06/20/1421) и на самой верхней фотографии в разделе V (http://www.proza.ru/2017/06/20/1451) надстроенная часть дома уже появилась (если сравнивать с более ранними фотографиями этой части города). Я там написал предположительно о конце 60-х, что совпадает со временем, указываемым А. Штейнбахом. Но эти фотографии могут быть и более позднего времени: первой половины 70-х годов прошлого столетия.

Самое же интересное — в-третьих: это «крыльцо» до надстройки четвёртого этажа переходило в эркер до самого верха дома. По другому говоря, четвёртый этаж по всему дому достроили, а выступающие части второго и третьего этажей дома (над «крыльцом») убрали. А там, повторяю, был эркер. Кто не знает, эркер - выходящая из плоскости фасада часть помещения, частично или полностью остеклённая, улучшающая его освещенность и инсоляцию. Эркеры бывают различной формы: полукруглые, треугольные или многогранные. И строятся они чаще всего в несколько этажей, иногда во всю высоту фасада (обычно кроме первого этажа). Эркер в интересующем нас доме был, со слов А. Штейнбаха, четырёхгранный (см. выступ над входом во двор). В нём находились небольшие жилые помещения, поэтому в кинокадре и видно окно над «крыльцом».

Это — принятое в Виннице «улучшение» внешнего вида красивых зданий удалением «архитектурных излишеств» (терминология хрущёвских времён). Вспомните, как сделали «обрезание» бывшему реальному училищу (зданию финансово-экономического института), напрочь убрав красивый портик с расположенным на его крыше балконом. Как ликвидировали великолепный дом Шехтмана на углу тогдашних улиц Ленина и 9-го января (напротив Областной библиотеки им. К. А. Тимирязева), перестроив его на манер бункера.

Надстройки-достройки же в ряде случаев старались делать всё-таки хоть с каким-то учётом прежнего вида здания (школа №2, окружной суд у садика Козицкого, пр.).

Во что превратился дом, на фасад которого снова прилепили когда-то, в самом первом варианте, существовавшие балконы (в «расширенном», против прежних размеров, виде), как варварски «обустроили» все шесть балконов на фасадной стороне дома - можно убедиться на фотографиях, сделанных в июле 2015-го года, на которые я уже указывал выше. Там же - «творчество» обладателей балконов на боковых сторонах дома. Цветовую гамму фасада закрасили. Получился дом — красаве'ц! В самом - теперь - людном месте города…

Я не могу отсюда - издалека - объяснить варварство по отношению к этому (созданному не по чертежам ли того же Гр. Гр. Артынова?) строению, но найти материалы, проливающие хоть какой-то свет на произошедшее с домом, можно. Варварство не «Против воли отцов» города, а по их указанию или, как минимум, с их партийно-советского согласия. Никого к архивным поискам не призываю, но рекомендую впредь даже такие «мелочи» выяснять «до упора».

***

Возвратимся ещё на полгода назад, в май 2017-го года. Опять же Людмила Денисова - из весьма небольшой - по пальцам можно перечесть - «молодой гвардии», подпитывающей оба упомянутых винницких сайта, представила «Винничанам» загадочный снимок (фото 5.). Без указания даты съёмки, без какого-либо разъяснения. Я поначалу решил: это фото из серии «А что бы это могло быть?». Но никто не попытался принять участие в «игре», разгадкой не заинтересовался, а Л. Денисова почему-то её не сообщила.

Я написал Игорю Чепугову мою версию изображённого, но тогда ещё не ведал, что кто-то посоветовал Президенту обрезать связи Украины с миром через mail.ru (с какой только целью и как это повысило обороноспособность страны?). Моё сообщение не достигло цели, объяснение не было опубликовано. И вот — я хранить «тайну» этих нескольких строений более не в силах.

Сначала — ответ на вопрос «Где это?». Сейчас сообщу координаты по сегодняшним ориентирам. Но так как я был последний раз на этом месте лет ш е с т ь д е с я т тому назад, расскажу сначала о тогдашнем пути туда.

Сразу после войны был сооружён понтонный мост с южного конца улицы Козицкого на Старый город. Этот мост имел одну быстро отсоединяемую секцию - для прохода корабликов без и с баржами на прицепе. Полностью мост разбирался только перед ледоходом (в марте-апреле) и тогда старогородцы могли попасть в центр города только через Замостье и центральный мост. Перед каждой из его опор - против течения - стояли «быки», защищавшие опоры от ударов льдинами.

От моста на левом берегу Южного Буга отходили три дороги. Налево — по улице Глеба Успенского, прямо вверх — по улице Маяковского и направо немного вниз — вдоль левого берега Южного Буга (см. тут: https://www.youtube.com/watch?v=bqA_xvJhxoM, 1 мин. 10 сек.) Последняя из этих дорог, по которой мы и пойдём, существовала только до запуска Сабаровской ГЭС на полную мощность. ГЭС была построена в 1934-м году, но после войны плотину надстроили, укрепили, поменяли турбины на немецкие, полученные как часть репараций от побеждённого противника за нанесенный им ущерб (об этом сообщил мне несколько лет тому назад Андрей Орленко). Включение ГЭС происходило прерывисто: электрические лампочки на Старом городе, который перевели на энергоснабжение из Сабарова, светили то весьма тускло, то совсем никак (других электроприборов, если не считать спиральные электроплитки, в домах тогда не было). Наконец, в начале 50-х всё наладилось — и уровень воды в Южном Буге значительно поднялся.

Затопило не только острова, но и часть берега. Доро'га (для гужевого транспорта) от моста и почти до улицы Бугский спуск ушла под воду. Вместо неё несколько выше, на крутом высоком берегу, протоптали узкую дорожку для пешеходов. Ещё выше была вторая, более широкая пешеходная дорожка до Бугского спуска, теперь она перекрыта владельцем этой территории. В самом начале этой дорожки, слева от неё, находился колодец, который использовался семьёй домика, построенного на пространстве между описанными дорожками, в метрах двадцати - двадцати пяти от улицы Маяковского. Электричество к этому дому, построенному ещё до войны, в первые послевоенные годы ещё не было проведено.

Далее - от прибрежной части улицы Бугский спуск (тот же киножурнал «Вінниця 1948 року / В місті над Бугом», в самом начале — 0:04) в сторону Сабарова - левый берег был широким в такой мере, что там не только имелась дорога, но были даже участки для коллективных огородов. В одно лето детская больница, которую возглавляла мама, получила там участок для сотрудников (участки ежегодно меняли, так как они отличались и качеством земли, и отдалённостью от города, и подъездами к ним). Это было в конце 40-х — и я был «мобилизован» для помощи в посадке картофеля и в сборе урожая.

Ещё дальше от реки находились скалы, в них — заброшенные каменоломни с озерцами, а над скалами — расстраивавшийся переулок Февральской революции. Дорога продолжалась до поворота налево наверх в сторону улицы 1905-го года (на другом берегу, несколько наискосок находится сейчас Свято - Троицкий скальный храм) и ещё немного далее (где в летнее время народ «пляжился»), после чего вода снова подступала вплотную к откосу и передвигаться можно было только по узкой пешеходной тропе, простиравшейся среди кустарника (она видна на фотографии).

Возвращаемся назад. По дороге наверх (см. фото), как было прежде сказано, можно было достичь улицы 1905-го года и по ней — улицы Маяковского. Там, по правой стороне, находился Детский дом, в котором я бывал. А от берега по вьющейся правее крутой тропинке — ме'ста, где позднее был открыт детский санаторий.

Спускаемся обратно, вниз. Видны несколько строений, находящихся в довольно приличном, по всей вероятности — в рабочем состоянии. Одно из них — с трубой. Слева — надземная часть и вход, по всем признакам, в подземное хранилище. У берега — небольшой причал.

В известной всем телевизионной игре «Что? Где? Когда?» надо было ответить на один из этих вопросов, нам же — на все три.
Где — мы уже знаем? Когда — сейчас подумаем.
В моей памяти отложилась несколько иная картина, чем на фотографии: всё это было в определённой степени запущено. Плохо помнится (или совсем не помнится?) беленький домик справа, на фото - как будто только недавно выстроенный. Туманно — маленькое строение на заднем плане.
Я попытался выпытать подробности у трёх моих одноклассников. Увы, никто из них эти строения совсем-совсем не помнит, хотя один из них должен был проходить мимо них не раз и не два…

Выход из неведения могло бы подсказать расширение снимка влево (в сторону моста), потому что там находился небольшой хуторок: замысловатой конструкции (явно с пристройками разных лет) дом, дощатые хозяйственные сооружения (включая хлев), огороженный приусадебный участок, место выпаса (помню только коз и, если память не подводит, то и лошадку). По всей вероятности, там жили семьи работающих на этом секретном (по крайней мере, для нас нынешних) «предприятии». Правда, подозревать наличие там кабеля, пролегающего по дну реки для связи с располагавшейся на другом берегу сверхсекретной «ставкой Ворошилова», как-то не тянет. Хотя чем чёрт не шутит!

Итак, когда же сделан снимок? До войны — слишком «по-послевоенному» выглядит беленький домик. Но, с другой стороны — «довоенная» пустота вокруг. Тут мне необходима помощь: может быть, кто-то вступит в «игру»?

И, наконец, ещё одна нелёгкая задача: дать ответ на вопрос «Что?».
В игре «Где? Что? Когда?» при полной неясности принимались к обсуждению даже самые нелепые версии ответов. Поступим так же и мы.
Дом с трубой, значит там находилась какая-то машина, а труба — для выхлопных газов. Именно машина, так как печи для обогревания такая труба не нужна, а маленькая дымовая труба на крыше имеется. Другое дело — для генератора электроэнергии, тем более — видны электрические (?) столбы: первый у предполагаемого мною подземелья, второй — левее, на горке.

Но скорее эти столбы - для линии электроснабжения, а не - отвода электрической энергии. Но какая машина (какие машины) находится (находятся) тогда внутри? Сперва была мысль о том, что там — камнедробилки (https://www.youtube.com/watch?v=1KVyl_7cePE), учитывая близлежащие каменоломни, причал — для переноса щебня на грузовые баржи. Но тогда где же сваленные для дробления большие куски гранита, где горы накапливающегося мелкого камня? Да и находятся камнедробилки, учитывая возникающие при дроблении камня густые облака пыли, как правило, вне помещений, просто под навесами (https://www.youtube.com/watch?v=uXEQO7lwzOM) . Вытяжная (принудительная) вентиляция рабочего помещения с выбросом каменной пыли через уже отмеченную нами высокую, сложенную из кирпича трубу — не для тех времён социалистической индустрии.

От белого домика (лодочного гаража, ангара?) к воде проложено что-то похожее на приспособление (наклонный помост - эллинг) для спуска на воду и, наоборот, волочения лодок из воды и перетаскивания их в ангар. По виду - послевоенная конструкция, наверное, 60-70-х годов. Плоскодонки на воде — это для переезда на противоположный берег, для рыбной ловли.

Так может быть запечатлённое на фотографии всё-таки как-то связано со «ставкой Ворошилова» на противоположном берегу. Может быть на фото — вспомогательные сооружения? Куда, к примеру, вывозили породу, оказывающуюся «лишней» при оборудовании ставки?

Я тут расфантазировался, а ответ, не исключено — прост. И его кто-то даст без особого труда, как бы походя. Не удивлюсь, если это будет сама Людмила Михайловна. В её ухоженном старогородском саду в середине мая — столько неотложных дел, что не до расшифровки этой для нас во многом непонятной фотографии было …

P. S. Не забудьте, на всякий случай, показать фотографию своим прародителям:
«Скажи-ка, деда (баба),

        ведь не даром

                на фото - домик

                        с гаражом-ангаром ... ?».

P. S.

Через несколько дней после публикации этой статьи на сайте "Історія Вінниці" появилось следующее разъяснение: "Виктор-юрий Кланцатый спасательная станция на ст. городе. башенка а не труба для наблюдения. справа ангар для 2 катеров. в здании помещение для водолазного обор. акваланги старые УКРАИНА и тяжелое 3болтовое а также дежурка и пр. справа пляж. наверху пионерлагерь. дорога наверх через яр выходит на ул.Маяковского. наверху Нагорная чуть правее 3 ГБЦ. ДА бессменым начальником спас.станции был Дармограй водолазом Бреусов Петруха." (Явные опечатки я исправил, но сам текст не корригировал.)

Никто из многих тысяч участников этой страницы в фейсбуке не удосужился сходить на "место событий", узнать, что там было ранее, сделать фотоснимок...

Меченые (краплёные) карты используются бесчестными картёжниками для опознавания игральных карт по нанесенным на их рубашку (обратную сторону) наколкам, точкам и разным прочим пометкам.

Я «играю» честно — и помечу карту только для распознавания скрытого на ней. Но «скрытого» не для меня, а для почти любого, пожелавшего, читая эту небольшую статью, «перекинуться» со мной в эту картишку.

***

3-го января сего года на сайте "Історія Вінниці" появилось следующее сообщение:

Стогуно Чевал

- Трішки офф-топу. Хтось знає, що за пам'ятник стояв на Ліверпулі в 50-х роках?

- ... я серйозно питаю. На післявоєнних картах на цьому місці значиться пам'ятник. А фотографії на очі не траплялось.
- На карті 50-х років, яку колись викладав в спільноті Mihail Potupchik, позначку цього пам'ятника добре видно.

И приведен фрагмент указанной карты, который я поместил выше.

После нескольких дней раздумий и согласований я ответил - с моего почтового ящика на mail.ru - любознательному Стогуно Чевал'у приблизительно следующим коротким письмом: «Вопрос, конечно, интересный.

Если мы не ошибаемся (я переспрашивал одного из моих одноклассников - Анатолия Штейнбаха, который работал недалеко от этого места), то на месте арт-композиции из не знакомых с трудами и произведениями, соответственно, Ленина и Горького, из «не наших» малообразованных Beatles (ов) когда-то находилась простая, бессчётное количество раз тиражированная по всему СССР скульптура "Ленин и Горький". Профессиональный революционер и пролетарский писатель сидели и размышляли вслух: напишут ли ливерпульцы музыку к "Песне о буревестнике"? И оба оказались правы: «жуки» так и не написали. И сжучить их за это никого в Соединённом Королевстве Великобритании и Северной Ирландии не нашлось.

С нетерпением ждём новых вопросов.»

Отшутился, но сообщил, по всей вероятности, правду: и о памятнике, и о «Ливерпульской Четвёрке» («Liverpool Four»). И на пару дней забыл об этом.

Затем, не получив обратной весточки от адресата,

подумал: а ведь 95 и более процентов заглядывающих на сайт "Історія Вінниці" многое на этой - почти без обозначений - карте ничего более, кроме как место нахождения загадочной скульптуры, не увидят. И не узна'ют того, что было в центре города 60 лет тому назад. Никто не поинтересуется, никто не расскажет об этом, тем более, без запроса. Я, правда, не решился анализировать всю карту города (она у меня есть), а - только этот, представленный автором вопроса, фрагмент.

***

Прежде всего, учтите, что карта схематична, особой точностью не отличается. Я уже когда-то рассказывал, что в советское время все - без исключения! - географические карты, предназначенные не для Генерального штаба Министерства обороны, были специально (преднамеренно) искажены, «дабы ими не воспользовался потенциальный противник». Это ходячее выражение использовалось во всех случаях, когда бессмыслица подобных «ухищрений» была очевидной, когда всё, что касается, к примеру, карт, было со спутников уже сфотографировано с высокой разрешающей способностью. И оказывались велосипедисты (и я в их числе), моторизированные путешественники на дорогах, упирающихся в болота, горы, реки, скалы, непроезжие пески, пр. А на карте — непрерывающаяся отличная дорога до пункта N.
Так и на этой карте. Масштаб — весьма условный, многие улицы выпрямлены, пр. Но всё же кое-что загадочное для нынешнего молодого и среднего поколения может показаться интересным.

***

Начнём с большого пустого пространства (1), расположенного выше и чуточку правее кружком обведенного автором вопроса условного знака памятника. Это - описанный в отдельном разделе «Моей Винницы» двор, именовавшийся «костёльным». Как видите, он простирался от улицы Ленина (Соборной) до улицы Котовского (Грушевского). Восточная часть его отделялась высокой кирпичной стеной от проглоченной теперь Укртелекомом части улицы Чкалова (оставшаяся часть улицы носит ныне имя Петлюры). Там, где помечено католическим крестом, располагался (располагается) костёл с примыкавшими к нему зданиями - монастырскими кельями, и пр. Показаны отдельные деревья, отсутствуют, правда, значки длинного ряда одноэтажных строений, за которыми ещё существовали остатки давнего монастырского сада - огорода. Скоро его выкорчуют до основания и начнут рыть котлован под здание музыкального училища, открытого в 1958-м году. Первый (приезжий) директор был молод, симпатичен, полноват, но весьма подвижен, носил красивые очки — и монашескую жизнь не вёл.

Участок зелени в боковой части двора располагался между домиками этой, как бы обособленной, части «костёльного двора». Теперь всё застроено. И — как! Об этом было написано мною раньше, повторяться не имеет смысла: все здания капитальные и их убрать не удастся. Посему даже небольшого «капитального двора» выкроить не получится: землю «съели» до последней крошки. О посадке деревьев даже не подумали.

Второе как бы пустое, не застроенное и не озеленённое пространство (2) — в нижней левой части карты. Странное на вид, чем-то напоминающее огороды. Но нет: это очистные сооружения правобережной части города (другие были на Замостье). Сюда стекались канализационные воды из центра города, здесь они кое-как очищались, а потом смердящие, всех цветов и оттенков сбрасывались в ниже расположенный овраг. По нему протекала высвобожденная на божий свет, после её подземного пересечения в трубе улицы 9-го Января (Артынова), речушка Каличка. И об этом я писал как в «Моей Виннице», так и в статье о Каличе. Но кое-что повторю, потому что тут частично исправить положение ещё не поздно. Ориентировочно, очень приблизительно можно определить место очистных сооружений между улицами Пушкина, Красных Партизан (Вл. Городецкого) и 9-го Января. Несколько точнее — между улицей Пушкина и речкой Каличкой, ближе к улице 9-го Января.

Очистные сооружения выполняли своё назначение плохо. И зловонная цветная жижа, проскользнув под мостиком улицу Свердлова (Князей Кориатовичей), через несколько десятков метров впадала в Южный Буг.
Только в 1960-м году вступили в строй новые очистные сооружения, выстроенные тогда за городом, между доро'гой в сторону Сабарова и рекой Вишня. Давно они уже в черте города (Сабаровское шоссе, 1), технически устарели и не отвечают необходимой производительности.

На другой стороне улицы 9-го Января тоже был овраг (3) и там Каличка протекала от улицы Дзержинского

(Театральной) на поверхности земли. Но областное руководство решило по обе стороны от Калички построить пару многоэтажных домов для номенклатуры. Поэтому и эту часть Калички упрятали под землю, а овраг засыпали.

Ещё ближе к Южному Бугу пустырь (4) — винницкая, так сказать, верфь. Она располагалась между улицей Козицкого (Оводова) и конечной частью речки Калички. Там гнили и ржавели старые катерки, баржи, лодки, там латали и подкрашивали ещё державшееся на плаву, там была пристань для барж и будущих катеров, доставленных в Винницу для речных прогулок к Камню Коцюбинского.

Огромный склон (белое пятно с коричневыми линиями) видится на верхней части карты (5). Это - между улицами Козицкого (Оводова) и Крутой спуск. Киевский мост, взорванный в войну, уже восстанавливается. Но это — не пустырь: деревьев не было только у воды. Выше, ближе к улице Первомайской (Магистратской) помечены здания детского садика и большого жилого дома, принадлежавшего КЭЧ (квартирно- эксплуатационной части) винницкого гарнизона. И они были окружены деревьями.

Школа №3 ещё не отстроена (?): её на карте нет. Знак вопроса — следствие того, что точная дата составления карты не указана, да и го'да перебазировки школы в восстановленное после пожара во время войны помещение не найти ни на одном из сайтов школы. До возрождения старого строения школа №3 работала в здании, потом переданном детскому садику (см. выше). Но пляж Кумбары (Кумбари — вернее, но никто так не говорил) уже процветал (пляж «Динамо» на другом берегу, с подъёмом уровня воды в реке, зачах) и считался пляжем №1 в городе.

Правее паромной переправы (надпись «пер.») тоже показаны два небольших свободных участка (6), но этот пляж (там было несколько выступающих из воды крупных камней) уже почти не посещался. Лишь верхушки двух-трёх гранитных колоссов оставались над водой — и позагорать, распластавшись на камнях, было уже невозможно.

Большой пустырь (7) вокруг тепловой электростанции (обратите внимание: к ней отходит ответвление от трамвайной линии) был завален запасами каменного угля, «терриконами» перегоревшего угля (шлака), старыми частями от машин, которые модернизировали (такое слово тогда употреблять было грешно: «засорение русского языка», «преклонение перед Западом», пр. ересь), отработанными (полусгоревшими) фильтрами дымовых (по сути, сажных) труб…

Там же стояло несколько дощатых домиков (у забора перед Еруслимкой, у которой экспроприировали часть территории при строительстве ТЭС, или сразу же за ним? - не вспомню) для сотрудников электростанции. В одном из домиков где-то в 1954-1955 г. г., 20-градусной (минус) зимой я побывал (у девочки из нашей компашки). Открыли мне дверь — и я попал в «предбанник»: в комнатах все ходили в маечках, босиком (шорт тогда не было, а короткие штанишки носили только маленькие мальчики). О'кна, несмотря на уличную холодину, были открыты почти настежь.

Но тот, кто неосторожно прикоснулся бы к батарее отопления, попал бы сразу в ожоговый центр (если бы таковой в Виннице в то время имелся). Поэтому все гости дома строго предупреждались: что-то типа переиначенного «не влезай — убьёт» на «не прислоняйся — сожжёт». Поступление сверхгорячего пара, пропускаемого через эти батареи, как мне объяснили, было не регулируемым.

На другой стороне улицы Первомайской (Магистратской), наискосок напротив электростанции, вы видите довольно значительную по размерам зелёную зону (8). Это — место бывшего базара, по-видимому, та его часть, что изображена на фотографии тут: http://www.proza.ru/2016/05/12/2014. (Большое здание, заметное на фото, после войны уже не существовало). Этот продолговатой формы садик (от улицы Ленина до Первомайской), с невысокой чугунной оградой, был всегда малолюден. Мы в тёплую погоду уходили с моим одноклассником, сыном директора парка М. К. Шереметкера сюда что-то почитать, о чём-то помечтать (Шереметкеры жили в однокомнатной квартире-коммуналке по рядом расположенному Братскому переулку, ныне Краснокрестовской улице). Ну почти как друзья А. И. Герцен и Н. П. Огарёв - на Воробьёвы горы, о чём Герцен позже вспоминал: «Воробьёвы горы сделались для нас местом богомолья ...». Если, разумеется, слово «богомолье» представлять себе в переносном смысле, в условном «переводе» его на комсомольский язык, где такого «бранного слова», конечно, быть не могло. О том, что эта территория теперь оккупирована «Россией», и во что' она превращена — не мне вам рассказывать.

На противоположном берегу Южного Буга, за улицей Киевской видна топь, простирающаяся и расширяющаяся вверх, на северо-восток (9). Начиналась она сразу же за нынешней территорией Восточной автостанции (место которой тоже подготавливали, засыпая будущие места стоянок автобусов землёй, остатками кирпичных строений). По всей вероятности, топь (болотце) — результат бездумной запруды какого-то небольшого ручейка, струившегося к реке. Или остаток былого рукава Южного Буга, чего-то наподобие «старицы» (можем только гадать): в весенние наводнения бугская вода доходила до того места. И долго не высыхала в этой низине. Теперь - да здравствует мелиорация! - (судя по карте) всё осушили. А могли бы создать чудесный биотоп для жителей рядом расположенных новостроек.

Что касается последней примечательности (10) на карте 50-х годов прошлого века, то трамвайные рельсы там нарисованы только до правого берега Южного Буга и далее — от левого берега (в сторону железно-дорожного вокзала). Эта «хитрость» - также для введения в заблуждение «потенциального противника». Мол, подумает он, что через реку надо будет волочиться пешком — и не решится нападать.

А ведь было совсем не так. На правом берегу находилась «Пересадочная станция». Советский народ, приехавший аж с самой Каличи или (какая даль!) Областной больницы им. Пирогова, незаметно для «потенциального противника» шмыгал из «каличанского» вагона в вагон «замостянский», отправляющийся, сообщу вам по секрету, в сторону Центрального рынка и вокзала ст. Винница. И катил этот ещё дореволюционной постройки вагончик по рельсам, проложенным по деревянным мостам (от правого берега - до острова и от последнего - до левого берега). А пассажиры трамвая, особенно безбилетники - «зайцы», ухмылялись в кулачки: какие мы ушлые, как ловко обвели вокруг пальца «потенциального противника» (вместе с кондуктором)!

***

Были в СССР атомная и водородная бомбы, первый космический спутник земли, чемпионы мира по шахматам, победители международных музыкальных конкурсов, лучшая в мире хоккейная команда!
А в целом же это был «край непуганых идиотов» (символическое определение СССР) . Слова сии — из «Записных книжек» соавтора «Двенадцати стульев» и «Золотого телёнка» Ильи Ильфа (Иехиела-Лейба Арьевича Файнзильберга, 1897-1937). Дописал к этим трём словам он ещё три: «Самое время пугнуть». «Пугнули», правда, только через полвека. Но не и с п у г а л и до сих пор…

[К 95-летию со дня образования Советского Союза Левада-Центр опубликовал данные о «ностальгических настроениях» россиян по СССР. Не привожу детальных цифр по разным возрастным группам, но то, что 82 (восемьдесят два!) процента опрошенных россиян старше 55 лет сожалеют о его распаде, меня потрясло. В целом (все возраста от 18 лет) цифра 58% сожалеющих респондентов тоже впечатляет. - https://mresearcher.com/2017/12/levada-tsentr-82-pozhilyh]

Электронная почта с mail.ru в Украину и из неё блокирована, что - кто в этом сомневается?! - существенно повысило обороноспособность страны.

И украинский «мережевий кордон» теперь «на замке». На таком же «замке», как и — что постоянно подчёркивалось во времена пограничника Никиты Карацупы и его служебно - розыскного друга по кличке Индус (http://fb.ru/article/252966/pogranichnik-karatsupa) — была государственная граница СССР.

Была ли на самом деле «на замке»? Была, но не в большей мере, чем после запрета на переписку по mail.ru — «наглухо» забетонированный «мережевий кордон». Пройти (обойти) его оказалось несложно.

А знаете ли вы (я об этом уже писал), что после заключения секретного Пакта Молотова - Риббентропа (23.08.1939), на отошедших к СССР территориях Прибалтики, Польши и Бессарабии оказалась масса немецких шпионов, переселённых туда в процессе подготовки этого, смешно сказать, «Договора о ненападении...». Они не только «законно перешли границу», но и стали обладателями «серпастых, молоткастых» советских паспортов. С этими «краснокожими книжицами» (не сомневаюсь, что вы узнали цитаты из стихотворения моего любимого поэта) они и рассеялись по стране. Как далеко от новых западных границ СССР — данных не найдёте, но знаю, что в Казани - с новопостроенными и перебазировавшимися туда военными предприятиями - они появились. Продолжать или и так ясно, как и почему у немцев появились «меченные карты» с указаниями на военные объекты, заводы по производству вооружений, прочее?

***

В 1988-м году напечатали первую неискажённую карту Москвы. Помню тёплый, солнечный осенний день, кричащих во всю глотку об этом уличных продавцов сего сенсационного издания. Мне даже кажется, что этот день оказался переломным для СССР.

Осенью 1961-го года к XXII-му съезду КПСС был выпущен плакат художника Н. И. Терещенко (1924-2005). На плакате был изображён В. И. Ленин, указывающий вытянутой вперёд рукой «верную дорогу». Почему я уверен, что «верную»? Потому что плакат имел подпись: «Верной дорогой идёте, товарищи!». [Подозревают, что текст к плакату взят из отчёта ВЦИК и СНК IX-му съезду Советов, с которым 23.12.1921 г. выступил В. И. Ленин: «А дорога наша — верная (…) По этой верной дороге мы начали идти.» - Энциклопедический словарь крылатых слов и выражений. - М.: «Локид-Пресс» Вадим Серов 2003.]

Через два десятилетия, в 1980-м году тот же художник (уже, с 1970-го года, Заслуженный художник РСФСР) создал плакат, изображающий улыбающегося Ильича, приветствующего советский народ словами «Новых успехов, товарищи!».

Ещё через десятилетие, поняв, что находятся на придуманной «картографами» из Политбюро кривой дороге «не туда», не ощущая «новых успехов», видимых (с

223

плаката) основателем «первого в мире государства рабочих и крестьян», народы СССР решили искать для себя иные пути к будущим успехам.

С Николаем Ивановичем Терещенко в 1988-1990 г. г. жили мы в Москве почти рядом. На Масловке: он в так называемом «Городке художников», я — совсем недалече. Конечно, не раз встречались на улице. Но поговорить с ним мне так и не пришлось.
А хотелось. Как раз в те годы враз лишившихся подобных заказов художников настигла нищета — и они по бросовым ценам начали распродавать находившиеся у них в запасниках картины. Бегал и я к ним, интересовался. (Вот почему я пишу, что встречался с художником.) Мои доходы в кооперативах позволяли многое...

Всё. Закрываю тему. Сами видите, куда забредаешь, когда пользуешься неверной картой. Даже несмотря на то, что, как пелось в Гимне СССР, «и Ленин великий нам путь озарил»...

Кёльн, домик семьи Матильды Герц

(das) Herz — по-немецки означает «сердце».
Также Herz — нередкая немецкая фамилия. Впервые зафиксирована ещё в 14-м веке.
Если обратиться к немецкой WikipediA, то эту фамилию носят множество десятков чем-то знаменитых лиц. В русскоязычной ВикипедиИ (Герц) их меньше, но всё равно — несколько десятков. Одновременно Herz — еврейская фамилия, как и ряд от неё производных (Герцель, Герш, Гершель, пр.)

Mathilde — немецкое имя, производное от Mechthild — несколько устаревшего, но всё же встречающегося и сейчас католического имени. В переводе с того немецкого языка, что

225

бытовал в средневековье, Mahthild (один из вариантов этого имени) означает «Власть (борьбу) любящая». Намного чаще в Германии используется латинизированное (от Mechthild) имя Mathilde. У евреек подобное имя мне ранее не встречалось.

***

Тем не менее, на одной из тогда окраин Кёльна — Бикендорф (Bickendorf), с 1910 - го года в неказистом домике проживала еврейка Mathilde Herz, 1880-го года рождения.

В XIX-м - начале XX-го веков в этой части города ещё находились крестьянские усадьбы. Обветшалый домик Mathilde Herz вы видите на фотографии (1), которую я сделал 01.11.2017 (мой складной велосипед попал в кадр не намеренно, это — случайное доказательство недавней, а не довоенной съёмки).

В октябре 1941-го года Mathilde Herz из гетто Кёльн - Дойтц была депортирована в гетто, расположенное в польском городе Лодзь (тогда — Litzmannstadt). Она погибла 15-го мая 1942-го года в лагере смерти Kulmhof (польское название - Chelmno nad Nerem). Общее число умерщвлённых евреев в этом лагере — свыше 150 000 человек (https://de.wikipedia.org/wiki/Vernichtungslager_Kulmhof).

Судьбу Mathilde Herz разделили её муж Albert Herz (1877- го года рождения), сын Karl Sally (1907), невестка Marga (1907), общий сын последних Harry (1935) и с 1940-го года также проживавший в этом домике Carl Frankenstein (1891).

Казалось бы, обычная судьба еврейской семьи, из тех, кто не успел или не смог покинуть нацистскую Германию до антисемитских законов фюрера, до пресловутого «окончательного решения еврейского вопроса». Но - не совсем.

Потому что память об этой семье жители Бикендорфа сохраняют до сих пор. В 3-м - 4-м поколениях! О ничем не выдающихся людях, просто - о бывших соседях, какими-то своими человеческими качествами настолько полюбившимися их современникам-немцам, что те передают от поколения к поколению краткие сведения об их жизни и трагической судьбе. Вот так не исчезает память о том, страшном для всех жителей Германии времени, так воспитываются новые поколения, отрицающие оголтелый национализм, фашизм, антисемитизм.

***

Теперь — подробнее.
Домик, о котором идёт речь, был типичным жильём сельскохозяйственных рабочих XIX - го века. В последние годы разваливающийся домик пустовал. И Gemeinnuetzige Aktiengesellschaft für Wohnungsbau (GAG) — Акционерное общество социально-жилищного строительства, владеющее недвижимостью (в том числе и этой полу-развалиной), решило его снести. Ремонт, по заключению экспертов, оказался невозможным из-за разрушившейся основы всех компонентов сооружения.

В целом, такое решение GAG было бы вполне оправданным. Тем более, что рядом находится пустырь (скорее всего, когда-то бывший огородом жильцов домика) — и на освобождённой площади можно было бы выстроить многоэтажный дом, подобный, например, тому, что вы видите на этом же фотоснимке.

Однако ангажированные художники и краеведы Бикендорфа

забили тревогу. Этот дом, по их мнению, имеет особую историю, перед ним давно уже вмурованы в тротуар Stolpersteine - «камни преткновения» (см. http://www.proza.ru/2017/04/10/95) в память о шести его жильцах.

И улочка, на которой стоит домик, носит название «Häuschensweg» (трудно переводимое на русский язык: что-то типа «Путь домика» или «Путь, на котором находится домик»).

И сам домик население округи хорошо знает под названием «Herzhäuschen» («Домик Герц'ов»).

Объединение «Деятели искусства для Бикендорфа» хотело даже выкупить домик у GAG, отремонтировать его и потом сдавать под кафе, дабы вернуть потраченные на ремонт средства. Но GAG отказало да ещё напомнило, что домик формально не находится под защитой как памятник старины.

Однако общественность стояла на своём — и GAG гарантировало после сноса на этом же месте выстроить такой же домик, в каком жила семья Герц. Впредь он должен, как и прежде, использоваться под жильё.

Более того, GAG обещало одну из стен нового домика выложить из пригодного для дальнейшего использования кирпича, из которого был сложен старый домик. Чтобы, как мне это представляется, можно было говорить не об эрзаце, а о как бы настоящем домике семьи Герц.

Вы видите на снимке (2) большой щит, установленный GAG рядом с домиком, который снесут. На щите — пояснение и об истории домика, и об его бывших жильцах, и схема нового, аналогичного старому, домика. Вокруг будет построено несколько новых жилых домов на 195 квартир, детский сад, игровая площадка, пр.

Объединение «Культурная тропа Бикендорфа» предложило образующуюся перед домиком новую площадь назвать именем Матильды Герц. Окончание работ — 2021-й год.
Нужны ли тут ещё какие-либо комментарии?

***

Но поразмышлять об изложенном выше хочется. Надо.

Подчёркиваю, прежде всего: речь шла и идёт о потомках т е х немцев, которые с восторгом встречали бывавшего в Кёльне фюрера, неистово аплодировали «сверхчеловеку», призывавшему немецкое население к порабощению, уничтожению славян, евреев, цыган и прочих «недочеловеков». Т е х немцев, что с ощущением своей правоты, со штандартами с нацистской свастикой и с надписями «С нами бог!» гордо маршировали через покорённые, сожжённые земли, оставляя за собой сотни тысяч, миллионы трупов ничем не провинившихся перед ними людей.

В 1990-м году, когда судьба совершенно неожиданно поставил передо мной выбор — оставаться в воссоединившейся Германии или возвращаться назад в СССР — я не раздумывал о том, о чём упомянуто в предыдущем абзаце.
Однако я не забывал, что в войну потерял отца, его мать — мою бабушку, родственников бабушки и дедушки по материнской линии. Но не забывал и то, что творили перед войной в стране ГПУ, НКВД и иже с ними под руководством ЦК ВКП(б). Как они уничтожали цвет многих национальностей, дабы держать в страхе и повиновении переживших террор. Как погибли от руки «стражей революции» обвиняемые в сговоре с капиталистами

229

«враги народа» - советские военачальники — командный состав Красной Армии. И понимал я, что таких страшных потерь мирного населения и военнослужащих могло бы и не быть…

И я твёрдо знал, что нахожусь в стране, сравнивать которую с нацистской Германией было бы не только несправедливо, но — просто глупо. Я остался — и не жалею об этом вот уже 28- й год.

И тема эта вроде бы была для меня исчерпана. В конце концов я стал жителем страны, без всяких сомнений, более демократической по многим главным параметрам, включая отношение к лицам любой национальности, вероисповедания, партийной принадлежности, пр., чем покинутый мною СССР.

В 1992 г. я впервые посетил Израиль. И там, от бывших советских граждан, побывавших и в комсомоле, и в партии, услышал я упрёки: «Как вы могли остаться в э т о й стране?! Да ведь они нас (евреев) …» Мне оставалось только промолчать, потому что переубеждать бывший советский народ, существовавший по девизом «народ и партия едины», одобрявший «ленинскую национальную политику» и ещё многое, имевшее место только в воображении, было бы бесполезным занятием.

В США, в те же 90-е годы, о том же самом говорили мне с укоризной верующие пожилые евреи - эмигранты из СССР, живые свидетели послевоенной дикой антисемитской кампании с убийствами еврейских писателей, деятелей искусств, с «Делом кремлёвских врачей-убийц», пр. И хорошо знавших, что кабы не смерть деспота, вывезли бы и выбросили бы в тайгу всех евреев страны. Товарные поезда для перевозки сотен тысяч евреев были уже приготовлены.

И с этими набожными евреями вступать в бесплодные дискуссии также не имело смысла.

Наконец, в сентябре 2017 - го года во Львове один тамошний журналист - еврей заявил, что мне, выехавшему в такую страну, как Германия с её бесконечной виной перед еврейством, писать что-то связанное с ситуацией евреев и еврейских организаций в нынешней Украине з а п р е щ а е т с я. Что, став гражданином ФРГ, я как бы лишился на это всех прав.

Мне просто стало смешно, потому что за полчаса перед вынесенным мне «приговором» сей образованный человек с гордостью поведал аудитории, как он ездил по Германии, читая, по приглашению немецких еврейских общин (состоящих на 90% из бывших граждан Советского Союза), лекции об еврейской жизни в предвоенной польской Галиции.

От подобного неодобрения, неудовольствия, от укоров я, конечно, не изменю свою позицию.

В моей 15 - летней «дружбе» с КГБ были и более нерассудливые обвинения, предупреждения, угрозы, которые я выстоял и, в конце концов, распрощался навсегда с подобными «друзьми» из Казани и Тернополя. А тогда я был, как и все «строители коммунизма», зависим от прорабов-надсмотрщиков с погонами под ватниками.

Теперь же мне не даёт покоя совершенно другое.

Как понять сочетание в людях, с одной стороны, «стадного чувства», с часто сопровождающими его нетерпимостью и жесткостью, а, с другой, эмпатии - способности войти, проникнуть в эмоциональное состояние другого лица, вчувствоваться, идентифицироваться с ним. И — с передачей этой эмпатии через поколения таким образом, что дети, внуки, правнуки ощущают то же самое при воспоминании об этом же человеке, которого они не могли ни знать, ни даже видеть?

Что определяет события на улочке с милым названием «Häuschensweg»? Присущая большинству людей двойственность, по сути, противоречивость их мышления или то, что мы называем «общественным климатом», во многом обусловленным правовой базой государства? Я — не социальный психолог, не правовед, поэтому не буду рассуждать и пытаться дать ответ на эти вопросы.
Для меня и без того ясно, что, хотя и не преднамеренно, попал я в страну, где добрые начала в человеке получают государственную поддержку. Как это важно, знает каждый из вас по своему жизненному опыту.

Никто из боровшихся за сохранение дома семьи Герц не состоял с этой семьёй даже в отдалённом родстве, никто из них не преследовал никакие личные интересы, не выступал от имени политических партий, каких-либо объединений предпринимателей, государственных служб, пр. Это был «всего-навсего» порыв души значительной части населения этого квартала города. И какой благородный порыв!

В немецком языке есть - на мой слух - красиво звучащее слово — Zivilcourage (циви'лькура'жэ). На русский язык оно переводится как «гражданское мужество» - смелость, отвага в утверждении своих убеждений.
Мне отсюда не знать, каковы убеждения винничан по столь деликатным ситуациям, что подобны приводимой выше. Но то, что им недостаёт Zivilcourage, это видно - по многим приметам - и издалека.

P. S.

Другие фотографии (3, 4), сделанные 26.10.2017 невдалеке от Домика семьи Герц, я публикую с иной, но несколько сходной целью. Хочу показать, как в Германии заботятся о сохранении в достойном виде обычных, ничем особым не примечательных - кроме своего солидного «возраста» - зданий. Как гордятся ими владельцы этих строений, обозначая на фасаде «год рождения» до'ма в уже далёком от ныне живущих, например, XIX - м столетии. Редко кому приходит в голову «модернизировать» внешний вид дома для увеличения его жилой площади. В домах, помеченных особым знаком (Denkmalplakette — памятник, находящийся под охраной государства), это, вообще, строго воспрещается. Независимо от того, кому принадлежит такое строение. Местные власти нередко берут на себя часть расходов по сохранению «жизненности» и внешнего облика таких зданий.

И на Украине есть подобное положение (ЗАКОН УКРАИНЫ Об охране культурного наследия, 2000 - https://sites.google.com/site/kompaniyadvokasi/nasledie). Но как ЗАКОН сей выполняется? Примеров - в Виннице - полно:
- захват (типа рейдерского) участка земли перед старинным костёлом для постройки там несуразного (для этого места!) магазина фирмы «Рошен» (http://www.proza.ru/2016/08/01/1078),
- акробатический трюк по «улучшению» фасада старинной синагоги Райхера по улице Краснокрестовской, исполненный нынешним пользователем здания «по п р о и з в о л ьной программе» на виду у всех винничан, проходящих мимо (http://www.proza.ru/2015/09/16/738),
- фактически всё, что сотворили на бывшей улице Володарского (ныне Монастырской) — http://www.proza.ru/2015/08/26/1946,

- «маскировочная» покраска старинного, уже до того опаскуженного перестройкой фасада и «достройкой» балконов многоэтажного дома, во дворе которого находится кинотеатр «Родина» (http://www.proza.ru/2018/01/13/590), пр.

Последний объект расположен аккурат напротив спешно, для демонстрации бравады местных властей, виртуально созданной Европейской площади (с неопределёнными, загадочными границами - http://www.proza.ru/2016/04/05/523).
Зато теперь, по мнению заносчивых патриотов города, можно горделиво и, главное, «обоснованно» бахвалиться: «Винница — европейский город!».

«Спешите медленно!», - притормозили бы их в Одессе…

Маска - накладка в виде повязки с вырезами для глаз, закрывающая верхнюю часть лица.

"Надеть (на себя) маску" - привориться, скрыть свою истинную сущность.

"Маска спала" - обнаружилась истина (лицемерие, притворство, двоедушие).

"Сорвать маску" (с кого-либо) - разоблачить.

http://www.bolshoyvopros.ru/question/800532-maska

Лошадиная фамилия

«Как личина, маска выступает
символом обмана и атрибутом
персонифицированной Лжи ...»

(Символы, знаки, эмблемы. Энциклопедия. —
М.: ЛОКИД-ПРЕСС; РИПОЛ классик.
В.Л. Телицын, В.Э. Багдасарян, И.Б. Орлов. 2005.)

А начиналось изложенная ниже история словно по сценарию А. П. Чехова (1860-1904) из рассказа «Лошадиная фамилия» (1885). Там, желая помочь генералу справиться с зубной болью, все вспоминали забытую приказчиком как бы «лошадиную фамилию» чиновника, заговаривающего зубы. «Кобылин, Жеребцов, Лошадинин, Жеребкович, Тройкин, Уздечкин,

Чересседельников, Засупонин…», - гадали домочадцы. Напоследок генерал сам вспоминает фамилию, но — поздно: зуб уже вырван. А фамилия чиновника была «Овсов».

В нашем случае на сайте «Історія Вінниці» (https://www.facebook.com/groups/historyofvinnytsia/) 19.01.2018 появилась следующая запись некой участницы группы под псевдонимом (последний раскрывается просто, но пока нам не до этого, см. далее):

"BLEva ["ник" мною сильно изменён: из 16 букв осталось лишь 5 - инициалы вымышленных имени и фамилии вкупе с «её» искусственным именем — С. В.]:
У мене питання не до цієї теми, вибачте, може, у когось є фотопортрет вінницького фотографа, фотокора часів "ВВВ", тобто, другої світової, який зробив знамените фото на рейхстазі, не пам'ятаю, його ім'я точно, здається, Коган, Давід (?)?! Шукала в інеті, гугліла, але так і не знайшла…"

Пошли предрасположения, подсказки, но всё — не то! Далее та же участница пишет:

" BLEva: Ото, я все, мабуть, переплутала… (А хто тоді такий був Конан - це ім'я влізло в голову та не можу згадати…ніяк, хто. А точно, що був такий вінничанин того покоління… (І немає вже в кого запитати - всі знайомі знатоки історії Вінницької мої вже почили в Бозі.. Треба було записувати та зберігати, а я так була впевнена у своїй пам'яті…
BLEva: :))) Коган!!!
BLEva: Не Халдей… то був вінничанин, і фото інше.."

Я, конечно, сразу понял, о ком идёт речь, но в группе (и в ФБ) не состою, да и знать хотелось, насколько остались в памяти винничан мои заметки об этом человеке.

Но очень скоро мне деваться стало некуда. Потому что модератор группы А. Петровский предложил BLEva обратиться ко мне:

"александр петровский: BLEva напишите нилу красу. он может знать...http://www.proza.ru/avtor/leonil"

На что последовал сначала радостный отклик:

"BLEva: О, дякую! :)"

А вслед за ним — ещё один:

"BLEva: Спитаю, але, не думаю, що ми з ним знайдемо спільну мову - судячи з його писанин, класичний приклад совкового єврея з відверто українофобсько-імперським складом свідомості. Я таких ненавиджу. "

Вот с этого-то выстрела разрывным снарядом история начала развиваться уже не по чеховскому сценарию. Взрыв произошёл, правда, не в Виннице, прошлое и настоящее которой обсуждается на сайте «Історія Вінниці», а в Кёльне, где нашёл себе пристанище один из тех типов, которых BLEva ненавидит. И разлетевшиеся осколки долетели не только до Киева, но и - вам такое и не предположить - до Зелёного континента, до Австралии!

Итак, радость от получения моего адреса, как видите, быстро сменилась «яростью благородной» по поводу: 1) моей писанины, 2) моей еврейской совковости, 3) моего откровенно украинофобско-имперского сознания.

И вот уже благодарная поначалу BLEva «скрежещет в ярости зубами» (И. А. Крылов, 1769 - 1844, «Лев и комар», 1808)...

Выданная BLEva «характеристика» всё же не отвадила меня от разъяснений — и я послал А. Петровскому e-mail следующего содержания:

«Глубокоуважаемый Александр!

В воспоминаниях «Моя Винница» в главе «Еврейский вопрос» о Е. Д. Копыте написано подробно. Ещё вот эта ссылка: «24 июня 1941 г. ушёл на фронт Ефим Давидович Копыт. С первых дней войны и до светлой Победы прошёл фронтовыми дорогами военный корреспондент ТАСС капитан Копыт. Это он своим фотообъективом зафиксировал для истории кровопролитные бои и поражение нацистских войск под Сталинградом, на Курской Дуге. Освобождение Украины, Белоруссии, польских и чехословацких земель, поднятый Флаг Победы над Рейхстагом. С верной "лейкой" и блокнотом всюду успевал неутомимый фотокорреспондент… » (https://velelens.livejournal.com/126830.html).

Заодно, был бы очень признателен ненавидящей меня журналистке за аргументацию её слов:

«BLEva: Спитаю, але, не думаю, що ми з ним знайдемо спільну мову - судячи з його писанин, класичний приклад совкового єврея з відверто українофобсько-імперським складом свідомості. Я таких ненавиджу.».

Не получу аргументацию — придётся поинтересоваться у её коллег, у журналистов. Надо же знать, где и в чём мной проявлена именно совковость еврея и откровенный украинофобско-имперский склад (образ) сознания. Как - никак стать «классическим примером» суждено не каждому.

C. B.»

А. Петровский опубликовал моё разъяснение — и тут началось самое интересное.

Ненавидящая меня BLEva, сообразив, что сама себя поставила в отвратную ситуацию, очень быстро, с десятиминутными интервалами выдала три «примирительных» выстрела:

" BLEva: Ура. Дякую вам щиро! Цікаво те, що сьогодні я так і знайшла свої записи і, звичайно, його згадала. Цікава була людина. Як і цей автор. Але мені його писання хоча і цікаві, але не до душі. Ну, у мене інша "платформа". :) Дай Боже, всім здоров'я і щастя. Не зважаючи на різні ментальні та культурні фундаменти. Кожному своє. Я вам вдячна за відповідь."

"BLEva: Звичайно, я можу аргументувати, але за останні роки подібних дебатів зрозуміла, що сенсу у цьому немає."

"BLEva: Мій дідусь теж "мислив" подібним чином, і мене це ще тоді дратувало. Я бачила у цьому мисленні протиріччя. Багато. Але ще давно зрозуміла, що це невиправна ознака ментальності скаліченої тоталітаризмом людини, тому не приймаючи всередині себе, у якісь момент просто перестала сперечатися. Повинно піти декілька поколінь, у т.ч. і наше, щоб нація стала нацією, а не жебраком меншин."

Итак, затряслись поджилки — и уже стал я интересным для неё человеком, написанное мною (не «писанина», как она выразилась перед этим) — тоже интересным (несмотря на то, что оно ей «не по душе»). И, вообще, «Дай боже, всем здоровья и счастья». Включая, как понимается из текста, давно умершему фотографу по фамилии «Копыт» (1910-1992).

Аргументов у неё, что касается ранее высказанных оскорблений в мой адрес, достаточно, но приводить их, по её опыту, нет смысла.
И чтобы убедить читателей ФБ в том, что я ей близок, она сравнивает меня с её любимым дедушкой. Мы, оказывается, мыслим похоже (вернее, он — мыслил, а я — чёрт возьми, пока ещё — мыслю).

А — на предмет извинений, то ей-то, спрашиваю вас, за что просить прощения? Ну грязно высказалась, однако потом пыталась всё же «затереть» эти помои высказыванием об интересе, пожеланием здоровья и счастья. Чего ещё?! А что пятна от помоев на ней остались, то — не привыкать (см. ниже).

Здесь ничто иное не приходит на ум, кроме как другой рассказ А. П. Чехова - «Хамелеон» (1884). В нём автор осмеивает беспринципных людей-«хамелеонов», подобных полицейскому надзирателю Очумелову, которые в зависимости от ситуации меняют свое мнение на наиболее для них выгодное.

[Замечу в скобках, что Н И К О Г О из читателей сайта "Історія Вінниці" этот грязный выпад не удивил, не возмутил. Подобное, впрочем, случается не в первый раз. Возможно, кто-то всё-таки прочитал сию блевотину без особого удовольствия, но решил, на всякий случай, промолчать.]

***

Тут уж я решил поинтересоваться отчаянно ненавидящей меня

журналистской.

Анкетные данные — лучше не придумаешь. Одно образование чего сто'ит!

Музыкальное училище в Виннице (эстетическое воспитание!). Университет в Москве: факультет журналистики в МГУ — мечта десятков тысяч абитуриентов! Аспирантура в Киевском международном университете (журналистика и социальная коммуникация, то есть как бы передача информации, идей, эмоций различными методами, включая журналистику). Аспирантура была, правда, давно, а желанная защита кандидатской диссертации, как я выяснил, всё ещё не предвидится. Но это, полагаю, мелочь при наличии такого образования. Имела место - и об этом она не забыла упомянуть - попытка преподавать в том же КиМУ (доцентская должность). Пришлось оставить, но зато какое служебное положение сейчас!

Подивитесь, будьте любезны!
Editor-in-Chief в International Federation of Journ IFJ и как Journalist в Національна спілка журналістів України (НСЖУ)!
Разъясняю по-русски: шеф-редактор (издатель?) Международной федерации журналистов и журналистка Национального союза журналистов Украины!!

У меня даже холодный пот на лбу выступил: вот, оказывается, кто меня возненавидел, пригвоздил к позорному столбу и тут же изничтожил на виду у многих тысяч бессердечных участников «Історії Вінниці».
Не исключено, что о моём украинофобско - имперском образе мышления знают уже и в Брюсселе, где находится правление Международной федерации журналистов и куда шеф-редактор, по служебной необходимости, часто летает. Какой позор! Может быть, и памфлеты о моей еврейской совковости и прочем (см.

241

выше) написала…

Поразмыслите сами. От Брюсселя до Кёльна ближе, чем от Киева, откуда стреляла (правда, со сбитым прицелом) по мне снайпер - журналистка, целящаяся всегда, как вы убедитесь ниже, не в бровь, а в глаз. Попадающая, увы, бо'льшим образом, в саму себя. На автомашине до бельгийской столицы от рейнского города, известного не только своим великолепным Собором — немногим более двух часов езды (сам ездил). Самолёт преодолевает указанное расстояние всего за 12 минут. Ну а слухи — они распространяются, как известно, со скоростью электрического тока, то бишь, света.

И вот — мне уже заказана дорога в высший свет, например, на приёмы в мэрию. Со мной перестают здороваться в филармонии, в опере, в драматических театрах, на стадионе во время международных футбольных матчей, в бассейне — на воде и в сауне, на улице… Резко падают тиражи книг немецкого русско-язычного литератора украинско-еврейского происхождения (http://www.proza.ru/2016/09/17/1151). Пропорционально этому — мои доходы…

Прощайте, ежегодные полёты на Мальдивы и остров Мартиника! Придётся отказаться от круглогодичного бронирования апартамента на Канарах. Не потянуть всё это после случившегося!

Кто теперь будет покупать мои книги по прежним ценам? Одним словом, ожидает меня быстрое соскальзывание в «средний класс», где влачат свою далеко не роскошную жизнь миллионы немцев, среди которых масса моих поклонников. Когда-то мой любимый поэт писал: «… я русский бы выучил только за то, что ...», сейчас то же самое имело бы иное обоснование. Догадались, конечно, какое?

Но это — уже в прошлом: две с половиной строчки афористичного по краткости и убийственного по эпитетам образного определения моей личности нокаутировали меня сильнее, чем это смогли бы сделать братья Кличко в совместном бою против «украинофоба». Я впал - лишь только от мыслей о последствиях - в прострацию.

Вам не верится? Приведу только один-единственный пример. Джеб (за «писанину»), панч (за «совкового еврея»), хук и апперкот (за откровенно украинофобско-имперский образ мышления) я получил в пятницу 19-го. А уже в понедельник 22-го января позвонил мой литературный агент и с нескрываемой озабоченностью информировал меня о падении в Австралии цены' на мою последнюю книгу. Я не поверил своим ушам, но на рекламной странице (https://www.fishpond.com.au/Books/Winniza-Die-Reflektiert) стояло чётко: с 33,50 до 29,65 австралийских долларов. На целых 11%! [Полностью ссылка из-за её значительной длины на Прозе.ру не пропечатывается, поэтому надо на появившейся странице добавить в рамке поиска Salomon Weinstein - и вы увидите и другие мои книги.] Кстати, на книгу 2016-го года цена упала аж на 17%!
О вэй!

Литературный агент уже задумал судебный иск против BLEva, справлялся у адвокатов: таких исков - прецедентов, по словам тех, — масса. Следует только собрать доказательный материал по странам, где мои книги особо в ходу (США, Канада, ФРГ, Израиль, Россия, пр.). Дал агенту карт-блаш, потому что это —

потеря и его доходов. Если удастся убедить суд в нанесении экономического ущерба, то в хорошую копеечку обойдётся BLEva это, юридически выражаясь, «ложное сообщение с целью опорочить кого - нибудь» (клевета).

Мудрецы - китайцы придумали для таких ситуаций нравоучительную пословицу:

«От маленькой спички может возникнуть большой пожар. Но в этом пожаре первой сгорает спичка».

***

Возвратимся к творческой деятельности журналистки НСЖУ. Ищу памфлеты — и - только вообразите себе! - вообще, н и ч е г о из написанного моей обожательницей не нашёл! Нет, не так выразился. Надо: ну прямо таки н и к а к и х журналистских творений, подписанных этим псевдонимом!

Пришлось искать под паспортным именем О. М. и даже под О. О.- М. (в одном месте она обозначает свою должность как «Продюсер студії культурно-просвітницьких фільмів "Нове Кіно"», что вполне могло случиться раз-другой). Но и в этом варианте поисков результатов её журналистского труда меня постигла неудача.

В конце концов, оказалось, что для неё, как писал иной поэт, «и труд, и мука, и отрада» - это рассеивание (разброс) тут и там в интернетовской сети хлёстких комментариев самого различного толка. Винничанка, следующая заветам нашего земляка, моего любимого Н. А. Некрасова (1811-1877): «Сейте разумное, доброе, вечное ...» («Сеятелям», 1876) — так что' тут удивительного?! А если — вместе с удобрениями, то ещё достохвальнее.

Приведу несколько примеров, чтобы полакомились и вы моими находками перлов, имеющих авторство BLEva .

— Ульрапатриотический, антироссийский комментарий:
"BLEva -
не а. много говна здесь из россии засело. сейчас поменьше, но все равно много. оппозиция (регионалы януковича перекрасились) и надеется на реванш. все только начинается... И я вижу, что информационно Москва пока у руля. (https://plus.google.com/+VladimirLukov)"
— Интеллигентный комментарий:
«BLEva - 11.10.2017 - брись, тролляка паршивий! (https://m.20minut.ua/Novyny-Vinnytsi/Nashe-mynule/)
— Написанный высоким стилем комментарий:
 "BLEva -
ужас. агрессивная и мужеподобное Существо... грустно. и кто-то это говно слушает?!... м-да. отталкивает все - и внешность, и голос, и манера поведения, и плохо скрываемая агрессивность и откровенно духовный примитивизм. (http://playithub.com/watch/c0xntb91ed4/-.html)"
— Философский комментарий:
" 'Борислава Липнева'
Имеет ли право очень плохой человек прикасаться к подобным темам? Вот в чем вопрос… :(
(http://playithub.com/watch/ZjHCLavq9SU/-2017-.html)"
— Глубокомысленный комментарий:
" BLEva - Хм…
(https://www.facebook.com/groups/historyofvinnytsia/ - на интервью с архитектором Людмилой Денисовой, 18.01.2017)"

И опять вспомнился Антон Павлович, ещё один его рассказ - «Жалобная книга» (1884). На железнодорожной станции

«Жалобная книга» используется не по назначению. Зато благодаря этому можно многое узнать о тех, кто заглянул в неё хоть раз: каждая запись, как зеркало, отражает характер её автора. Например, такая: «Ты картина, я портрет, ты скотина, а я нет...». (Возникли и у вас ассоциации?)

Что уж говорить о «нашем» авторе, если мы имеем в распоряжении не один, а несколько образцов её «творчества»... С ними надо было что-то предпринимать. Отправить в Брюссель — пусть подивятся. Но ведь в комментариях — перлы русской словесности, понять которые иностранцам не дано. И переводу ни на какой язык не поддающиеся.

В дополнение, как я не старался, ничего о деятельности международного журнала, где блестящий комментатор занимает, по её словам, пост шеф-редактора, я не обнаружил.
Что же всё-таки делать?

Заняться - по психоаналитическим методикам - расшифровкой этого материала, тем более, на следующий день к ним было добавлено ещё одно жемчужное зерно?
«... Дивні і не дуже зрозумілі досі, але одне я знаю точно - у мене є моя Вінниця, і мої спогади, і вони, геть полярні спогадам деяких "лєтопісатєлєй" про "МАя Винница"... Чогось так мене розізлили за ці два дні, що не можу заспокоїтись... :(((». Это - на её странице в ФБ, 20.01.2017 (https://www.facebook.com/profile.php?id=10000428).
Это - обо мне и о моей книге мемуаров "Моя Винница".

Ну неймётся творческой личности. Ей бы - психоаналитика для объяснения того, что' её разозлило. А это, на самом деле - её беспомощность, банальность мышления, которые так

246

проявились и в этом, и в других «юморах-сарказмах» с многочисленными вставками emoticons (приходится выпускнице МГУ прибегать к далеко не журналистским смайликам), на Прозе.ру графически не отображающимися. Куда деваться, если слов возмущения не хватает, а так хочется высказать своё неприятие, пренебрежение, превосходство, и тому подобное? Приходится обращаться к этим самым - придуманным для e-mail - значкам, экономящим время и скрывающим недочёт словарного запаса. В МГУ, правда, этому не учили, но с такими способностями к творчеству освоить сию грамоту — раз плюнуть. В кого угодно ...

Решил справиться в Национальном союзе журналистов Украины (НСЖУ), у глубокоуважаемого Председателя Союза Сергея Антоновича Томиленко. Наша переписка состоялась на украинском языке, который - разумеется, для маскировки - нередко используют и «украинофобы».
Обрисовал ситуацию, привёл выше означенные «перлы словесности» и попросил только одно: дать оценку написанного (с употреблением фекальной лексики) сотрудницей НСЖУ .

Ответ пришёл через несколько часов.
Лаконичный, исчерпывающий текст (22.01.2018):
«Шановний пане професоре, пане Соломоне!
Погоджуюся - риторика неприпустима. І некоректно використовувати МФЖ і НСЖУ у профілі.
Ситуацію вже з'ясовують мої колеги. Будемо врегульовувати.
Дякую
з повагою
Сергій Томіленко
Голова НСЖУ »
[Согласен — риторика недопустимая (нетерпимая). И

247

некорректно использовать МФЖ (Международную федерацию журналистов) и НСЖУ в профиле. Ситуацию уже выясняют мои коллеги. Будем урегулировать.]

***

Теперь — время объяснить приданный статье коллаж (фото неизвестной мне женщины, интернетовская ссылка приведена), а также - эпиграф. Дело в том, что на фото в её профиле (ФБ) моя обожательница BLEva полузакрыла лицо маской. Не зря, однако. Ложью пропитано всё её «творчество».

Между тем, как следствие моего запроса в НСЖУ, уже во второй половине того же 22-го января исчезло упоминание об её шеф-редакторской должности, изменено определение её отношений с НСЖУ.

Но ложь BLEva не имеет границ.
23-го января 2018 на своей странице в ФБ журналистка излагает собственную версию произошедшего:
«Позавчора якась тьотя-мотя була незадоволена якимось моїм записом, вчора мені написали сурйозного листа змінити на сторінці дані по місту роботи та стати просто..., вибачте, членом ...»
[Позавчера какая-то тётя-мотя была недовольна какой-то моей записью, вчера мне написали сурьёзное (такая вот, всё испепеляющая «ирония» автора — С. В.) письмо изменить на странице данные по месту работы и стать просто …, простите, членом (то-есть, не называться сотрудницей НСЖУ, коей она не является — С. В.).

Как видите, и здесь - ложь, ложь, ложь: «какой-то моей

записью» - это о грязных комментариях, а «данные по месту работы» - это о должностях, которые она никогда не занимала. Теперь в профиле иное фото (с высунутым языком), но три фотографии в маске — там же, несколько ниже.

А «тётей-мотей», чтобы вам всё было ясно, была вельмишановна Перша секретар НСЖУ Ліна Кущ.

На этом историю с разгадкой «лошадиной фамилии» можно считать оконченной.

***

Таковой - законченной - мне представляется и история моих винницких изысканий и публикаций.

В 2017-м я издал свою книгу несколько раньше, чем обычно: уже в октябре. И написал во вступлении к этой книге («Винница отражаемая и не отображаемая»), что, учитывая равнодушие читателей (а в общем числе их недостатка нет),

« ... са'мое время завязывать, тем более, что обвинять меня в безделье никто не будет. Как пророчествовал Александр Галич («Засыпая и просыпаясь», 1969):

«Люди мне простят от равнодушия,
Я им - равнодушным - не прощу!».

Но буквально через несколько дней, в том же октябре месяце меня «разбудил» Симон Петлюра.
Теперь навряд ли кому-нибудь это удастся.

249

Из последних книг автора (все — в издательстве BoD, Norstedt):

Salomon Weinstein – Meine Winniza: 2015, 368 S.
ISBN 978-3-7392-2182-3
Соломон Вайнштейн — Моя Винница.
В книге представлены уникальные воспоминания автора о пятнадцати годах винницкой жизни, последовавшей за окончанием Великой Отечественной войны.
«Моя Винница» - фактически единственный, на настоящее время, обстоятельный рассказ об этой короткой «эпохе» в многовековой истории города. Подобного повествования о любом другом переиоде винницкой жизни не найти.

Salomon Weinstein – Sieben Jahre Hölle - Winniza 1937-1944: 2015, 432 S.
ISBN 978-3-7392-1222-7
Соломон Вайнштейн — Семь лет ада - Винница 1937-1944.
Кровавый террор, начатый НКВД в 1937 году, захват города армией Гитлера, полное уничтожение немцами евреев Винницы, жизнь в городе во время его оккупации в 1941-1944 годах, а также до сих пор скрываемые факты этой жизни — основное содержание книги.

Salomon Weinstein – Das Winnizaer Leben. Seine Hintergründe – ein Blick aus der Ferne: 2105, 432 S. ISBN 978-3-7386-3950-6
Соломон Вайнштейн — Винницкая жизнь. Её подоплёка - взгляд издалёка.
Автор стремился быть предельно правдивым в приведении фактов. Автор призывает изучать, осмысливать и всегда помнить историю города. Автор убеждён в надвигающейся и почти неотвратимой утере городом последних компонентов его былого, сугубо винницкого своеобразия — духовного и материального. Автор заклинает винничан сберечь то, что ещё упасти не поздно.

Salomon Weinstein – Und dies - alles über sie, über Winniza: 2016, 288 S. ISBN 978-3-7431-5320-2
Соломон Вайнштейн — И это - всё о ней, о Виннице.
В книгу включены опубликованные в интернете в 2016 году статьи автора о событиях в оккупированной Виннице 1941-1944 годов, об исчезнувших и исчезающих городских приметах, а также — о современной ситуации в городе.

Salomon Weinstein – Winniza, die reflektiert und nicht angezeigt wird: 2017, 304 S. ISBN 978-3-7460-0954-4
Соломон Вайнштейн — Винница отражаемая и не отображаемая.

В книгу включены опубликованные в интернете в 2017 г. исследования автора об оккупации Винницы нацистскими войсками (1941-1944), о Холокосте в Виннице и на Украине, а также — ряд публицистических статей.

Salomon Weinstein – In den tatarischen Hauptstadt, in Kazan: 2015, 292 S. ISBN 978-3-7392-2340-7
Соломон Вайнштейн — В татарской столице, в Казани.

60-е - 70-е годы прошлого столетия. Столица Советской Татарии — Казань. Казанский государственный институт усовершенствования врачей (ГИДУв) им. В. И. Ленина, кафедра терапии №2 этого института. Казанский государственный институт им. С. В. Курашова. Дорожная больница №2 ст. Казань Горьковской железной дороги. Санаторий «Казанский» Татарского территориального совета по управлению курортами профсоюзов. Вот временны́е рамки и основные места событий, свидетелем и (или) участником которых был автор этих мемуаров. Воспоминания автора уникальны как по содержанию, так и по форме изложения. Они — памятник тому времени, так называемой «эпохе застоя», предшествовавшей недолгому «периоду перестройки» - фактической агонии «первого в мире рабоче-крестьянского государства».